**N**

高等学校新闻传播学应用型系列教材

王佳　高渊　李晓英　著

融媒体时代
新闻采访学新编

 武汉大学出版社
WUHAN UNIVERSITY PRESS

图书在版编目（CIP）数据

融媒体时代新闻采访学新编/王佳,高渊,李晓英著.—武汉：武汉
大学出版社,2024.5
高等学校新闻传播学应用型系列教材
ISBN 978-7-307-24326-2

Ⅰ.融…　Ⅱ.①王…　②高…　③李…　Ⅲ.新闻采访—高等学
校—教材　Ⅳ.G212.1

中国国家版本馆 CIP 数据核字（2024）第 055718 号

责任编辑:聂勇军　　　责任校对:李孟潇　　　版式设计:马　佳

出版发行:武汉大学出版社　　（430072　武昌　珞珈山）
　　　　　（电子邮箱: cbs22@ whu.edu.cn　网址: www.wdp.com.cn）
印刷:湖北诚齐印刷股份有限公司
开本:720×1000　1/16　印张:11　字数:201 千字　插页:1
版次:2024 年 5 月第 1 版　　2024 年 5 月第 1 次印刷
ISBN 978-7-307-24326-2　　　定价:35.00 元

# 前　　言

大数据、无人机、算法机制、虚拟现实正广泛应用于新闻业，在不可阻挡的媒介融合趋势和潮流中，新兴媒体技术改变了传统的信息传播方式，也重构了媒介生态的传播格局。对于新闻传媒而言，新兴媒体技术的出现，使得以定向采集、单向传播、受众被动接受为特征的传统新闻传播活动，在媒体融合时代已经变得越来越多元化、去中心化、互动化以及协同化，而这些变化也给新闻报道的信息采集、生产模式带来了新的挑战。面对未来的传媒变局，新闻人如何从大数据中发现新闻选题，如何用最合适的方式呈现不同类型的新闻选题，又如何平衡多种新兴新闻形态并选择恰当的传播形式，掌握融媒体时代下新闻的采集、策划、生产的能力，全媒体时代对新闻从业人员提出了新的挑战和要求。

传媒的格局瞬息万变，我们已经进入了一个融媒体的时代，本书将带领大家一起了解融媒体时代信息采集的基本原理，掌握融媒体背景下新闻采访的实践操作能力，彰显在技术驱动的媒体融合时代下新闻人的价值与使命，一起探索未来新闻之路。本书紧密结合高校"大思政课"改革与创新的时代背景，从融媒体环境下新闻采访定义探讨出发，梳理了人类社会新闻传播活动的脉络，系统而又全面地阐释了融媒体环境下新闻采访学的基本原理和基本知识，重点阐述了融媒体环境下新闻采访的策划以及记者采访模式的创新，并针对不同类型新闻采访的特殊方法作了具体、详尽的论述。本书最大的特点是在新闻采访涉及的新技术、新方法、新案例等方面有较大的补充和突破；案例选取方面侧重中国新闻奖"融合创新"类奖项等经典案例，注重思政元素的表达，具有时代性和代表性，同时对部分案例进行了富有针对性的评析，真正做到了理论与实务的紧密结合。

## 前　言

　　全书共九章，由王佳撰写绪论及第一、三、四章，由李晓英撰写第二、五、六章，由高渊撰写第七、八章。本书撰写受到甘肃政法大学教务处、文学与新闻传播学院的大力支持和帮助，武汉大学出版社领导和编辑对本书的出版付出了辛勤的劳动，在次表示衷心的感谢。由于知识水平和研究能力有限，本书难免存有不足和缺陷之处，恳切相关学者和专家指正。

编者

2024 年 1 月

# 目　　录

# 绪　　论

　　数字化技术使得各种类型传播内容的整合式呈现成为可能，由此也开启了媒体融合的发展历程。伴随着信息技术的高速发展，整个社会步入了信息时代，在全球信息化建设的趋势下，媒体融合作为信息化建设的关键内容已然成为行业自觉。除了传统媒体在新媒体端积极布局，不少互联网巨头也纷纷强势进入媒体领域，其在技术、资金、理念等方面所具有的优势转化为强大竞争力，为媒体融合的发展注入了新活力。媒体融合的纵深发展使得传统媒体行业、媒体服务以及媒体实践均发生了根本性的转变，带来了崭新的媒体样式。它既动摇了长久以来所构建的媒体行业及其内容储备，也逐渐将媒体内容从特定的媒介设备中剥离出来。它一方面给传统媒体行业带来了新的困境，对媒体管理提出了巨大的挑战，另一方面也为传媒业发展注入了新的活力，为融合新闻生产提供新的机遇。

## 第一节　走进媒体融合生态

### 一、媒体融合的概念溯源

　　提到媒体融合的起源，不得不提及尼古拉斯·尼葛洛庞帝和伊契尔·索勒·普尔，他们一人贡献了理念，一人贡献了概念。1978 年，美国麻省理工学院的尼古拉斯·尼葛洛庞帝提出三圆交叠说，他用三个圆环分别表示计算机业、印刷出版业和广播电影业趋于重叠的聚合过程，主张媒介"重合而共生"，媒介重合之处将成为成长最快、创新最多的领域，但此时他尚未明确提出媒体融合的概念。1983 年，美国马萨诸塞州理工大学的伊契尔·索勒·普尔在其《自由的科技》一书中提出了"传播形态融合"（the convergence of modles）的概念，将融合界定为多功能一体化的过程。但是近些年，也有学者提出，媒体融合理论的开山鼻祖应该是加拿大传播学大师马歇尔·麦克卢汉，他早在 1964年《理解媒介》一书中就提出了这一命题，当时他用了媒介杂交（the hybrid of two media)这个概念来描述两种以上媒介的融合。他不仅发现了媒介融合这种现象，还敏锐地发现媒介融合后"由此而产生新的媒介形式"，当然这里的"媒介"比今天理解的信息传播媒介范围更加广泛。

1983 年，美国新闻学会媒介研究中心主任安德鲁·纳齐森将媒介融合描述成"印刷的、音频的、视频的、互动性数字媒体组织之间的战略的、操作的、文化的联盟"。他强调的"媒介融合"更多是指各个媒介之间的合作和联盟。

2003 年，美国西北大学教授李奇·高登根据不同传播语境下"融合"所表达的含义总结了美国当时媒介融合存在的五种含义，分别是媒体所有权融合、媒体策略性融合、媒体组织结构性融合、新闻信息采集融合和新闻表达融合。相较于尼葛洛庞帝与普尔对媒介融合的界定，纳齐森与李奇·高登认为媒介融合不仅是媒介的融合，同时还是媒体机构的融合。① 这种融合既包括媒体内部的组织架构调整和新闻生产流程再造，也包括媒体组织之间的合作和联盟。

另外，洛里·戴默等几位在美国鲍尔州立大学任教的学者在向美国新闻与大众传播学教育学会提交的论文——《融合连续统一体：媒介新闻编辑部合作研究的一种模式》中提出了"融合连续统一体"这个新概念。他们根据自己所掌握的美国及其他国家的媒介当时的实际情况界定了媒介融合的几种模式，具体包括交互推广、克隆、合竞、内容分享以及融合等。他们的划分明确了媒体之间合作的方式，融合程度依次由弱到强、由简单到复杂，并真实概括了业界实践中存在的这几种"媒介融合"的例子，比如报业集团、媒体联盟以及平面媒体电子化等。

以上定义大都从组织机构的角度界定媒体融合，将不同类型的媒体组织认定为融合的主体，而媒体融合从根本上而言还是人的融合，是信息生产者和信息消费者的融合。亨利·詹金斯在他的《融合文化：新媒体和旧媒体的冲突地带》一书中就"融合"概念给出了一个著名的定义：我使用的融合概念，包括横跨多种媒体平台的内容流动、多种媒体产业之间的合作，以及那些四处寻求各种娱乐体验的媒体受众的迁移行为等。② 詹金斯是从消费者的角度考察媒体融合的研究范式，他认为的媒体融合是消费者在日常生活中对各种媒体的整合式

---

① 杜忠锋，罗敬. 话语分析视角下我国媒介融合的话语嬗变及其内在逻辑[J]. 编辑之友，2020(1)：12-29.

② [美]亨利·詹金斯. 融合文化：新媒体和旧媒体的冲突地带[M]. 杜永明，译. 北京：商务印书馆，2012：30.

使用。由此，媒体融合研究的范式出现转换。

2000 年初期，媒体融合的相关概念开始引入国内。自 2005 年起，媒体融合方面的相关研究开始显著增长。蔡雯《新闻传播的变化融合了什么？——从美国新闻传播的变化谈起》等论文介绍"融合媒介"与"融合新闻"的概念，从微观、中观、宏观和大传媒业角度梳理归纳媒体融合的概念。其中，微观层面强调媒体融合的技术基础作用和驱动作用；中观层面涵盖传媒技术融合、传媒产品形态融合、传媒运作系统融合和传媒组织机构融合等方面；宏观层面强调社会监管和规则的融合、受众参与以及融合的经济学和社会学后果；大传媒业角度涵盖传媒业、电信产业、IT 产业、电子产业等所有参与到媒体融合中的产业。①

## 二、媒体融合的多元视角

从媒体融合概念的溯源和梳理可以看出，虽然界定方式各异、理解侧重点不同，但"融合"总体上包含渠道、载体或介质融合与组织或机构融合两个层面。比如，尼葛洛庞帝和普尔所说的融合偏向于传播渠道(广播、电视、互联网等)与传播内容(文字、音频、视频等)，纳齐森与李奇·高登认为媒介融合不仅是媒介的融合，同时还是媒体机构的融合。② 可见，对于媒体融合的理解自其概念诞生之初，就产生了不同的视角与观点。詹金斯曾言，"媒体融合是一个过程，而不是一个终点"，从历史和当代媒体研究的角度看，媒体融合有赖于当前的社会环境，这个概念的使用主要是与媒介数字化技术包括融合、联合、竞争和分化等相联系。③ 因此，媒体融合的状态实际上始终处于不断变化之中，对其内涵和外延的把握与理解自然也应不断予以延伸和丰富。

杜忠锋等总结了国内媒体融合的四种代表性定义，认为以往媒体融合的概念主要设定了两种指称对象，分别是倾向技术的媒介和作为机构的媒体，基于这种认识，他指出，媒体融合是在媒介技术融合的基础上，媒介传播渠道和内容的聚合，媒体内部各部门的整合，媒体同行业或跨行业的联合，进而延伸为

①　蔡雯. 角度·视野·轨迹——试析有关媒介融合的研究[J]. 国际新闻界，2009(11)：87-91.

②　杜忠锋，罗敬. 话语分析视角下我国媒介融合的话语嬗变及其内在逻辑[J]. 编辑之友，2020(1)：12-29.

③　石磊，李慧敏. 国外媒介融合研究知识图谱——基于文献计量学方法的分析[J]. 西南民族大学学报(人文社会科学版)，2019(11)：163-173.

传媒产业链趋向统合的状态。①

　　韦路将媒体融合定义为人类传播活动诸要素内部界限模糊的一种状态，这些要素包括技术、经济、主体、内容、规范等。这一定义强调了媒体融合的若干基本特征。②

　　刘涛等人则从全媒体、跨媒体以及多媒体三个层面考察融合，认为全媒体意义上的融合主要强调系统性、结构性和整体性的生态体系，跨媒体意义上的融合主要指向不同类型媒体之间的融合发展，多媒体意义上的融合主要指新闻文本形态层面的整合，并进一步从广义和狭义上对融合的三个层面进行区分。③

　　在今天的研究视野中，人们普遍认为"融合"的概念具有多个层次，不仅仅体现在技术的变革，同时还指向产业结构、受众或用户行为、文化形态以及传播实践等更广泛领域内的变革。④ 詹金斯清楚地意识到可能存在很多有关"融合"的潜在定义，并指出"融合这个词是用来描述技术、产业、文化和社会变迁的，其取决于谁在讨论以及他如何看待自己所谈论的内容"。⑤

　　虽然目前关于媒体融合还没有甚至也不可能有一个普遍公认的确切的定义，但对于媒体融合的理解还是有基本共识的，即媒体融合是一个多维度、多层次的复合概念。

　　第一，技术维度。数字技术是推动媒体融合的核心动力，媒介融合的核心思想是随着媒体技术的发展和一些管制藩篱的破除，昔日各自为政的报纸、广播、电视、网络和各种移动技术将融合在一起，而这种融合集中体现在互联网上。⑥ 可见，新媒体的兴起与发展实现了其平台之上关于计算、传播和内容的集合。

　　第二，文本维度。融媒体时代，媒介样式被重新利用和组合之后，成为所

---

　　① 杜忠锋，罗敬．话语分析视角下我国媒介融合的话语嬗变及其内在逻辑［J］．编辑之友，2020(1)：12-29.

　　② 韦路．媒体融合的定义、层面与研究议题［J］．新闻记者，2019(3)：32-38.

　　③ 刘涛，等．融合新闻学［M］．北京：高等教育出版社，2021：3-4.

　　④ ［澳］特里·弗卢．新媒体4.0［M］．叶明睿，译．北京：人民日报出版社，2019：7.

　　⑤ ［美］亨利·詹金斯．融合文化：新媒体和旧媒体的冲突地带［M］．杜永明，译．北京：商务印书馆，2012：30.

　　⑥ 邓建国．媒介融合：受众注意力分化的解决之道——兼与"反媒介融合论"商榷［J］．新闻记者，2010(9)：56-60.

谓的"跨媒体"样式，其中的"故事"和媒介内容(如声音、图片和文字)在多个媒介平台间传播。一方面，不同媒体形态的内容实现融合，打破了传统媒体内容或文字、或声音、或图像的单一形态。另一方面，其叙事方式也由单一媒体向全媒体或跨媒体转变，共同形成一个相互区别又相互补充的叙事整体。

第三，主体维度。微观层面，媒体融合体现为生产者和消费者之间的融合。一是生产者内部的融合。媒体组织内部的机构重组要求融合式的内容生产，使得专业媒体人内部的界限日渐模糊，"融合记者""背包记者""全能记者"或"超级记者"应运而生。二是消费者内部的融合。网络用户的跨屏消费和并发式数字化生存使得原来不同媒体消费者之间的界限变得越来越模糊。消费者不仅会在同一时间使用不同设备获取不同内容，也会在同一时间使用不同设备获取相同或相关的内容。三是生产者和消费者之间的融合，这也是主体层面最具革命性的一种融合。以互动性为根本特征的互联网的诞生和发展，使原来的受众发生了革命性变化，演变成为"生产消费者"(prosumer)。社交媒体的出现，进一步加剧了生产者和消费者的融合，催生一种"读写文化"(read/write culture)，或"参与文化"(participatory culture)。生产者和消费者、传者和受者、专业者和业余者的界限被打破，社会关系也由此而被重构。①

第四，产业维度。数字化为融合提供了环境，综合性大企业则创造出融合的需求。② 数字化公司的出现既成为重要的媒体内容供应商，又是用户生成内容大规模扩散的首要促成者。跨产业的媒体集团打破了原本条块分割的媒体产业的界限，成为当前传媒业发展的显著特征。

第五，政策维度。长期以来，特定的内容形态与其所属的媒体平台之间存在着高度对应的关系，但是，随着机构与产业的融合，那些曾经为出版印刷、电影、广播电视等截然不同的媒体平台所制定的法律法规和政策亟须重新加以修正。因此，必须对社会规范层面予以调整，才能保障媒体融合的可持续发展以及与社会的良性互动。

### 三、媒体融合的形成机理

#### (一)技术创新

科技创新、技术赋能是媒体融合发生和推进的基础。数字化技术使得各种

① 韦路. 媒体融合的定义、层面与研究议题[J]. 新闻记者，2019(3)：32-38.
② [美]亨利·詹金斯. 融合文化：新媒体和旧媒体的冲突地带[M]. 杜永明，译. 北京：商务印书馆，2012：41.

类型传播内容的整合式呈现成为可能，由此也开启了融合的媒体发展历程。历史地看，新媒体从技术和形态上始终处于一种不断更新变化的状态，2020年9月《关于加快推进媒体深度融合发展的意见》明确指出要用好5G、大数据、云计算、人工智能等信息技术。可见，技术赋能是推进媒体形态进化、传媒产业链创新以及传媒实践变迁的核心驱动力量，也为媒体融合向纵深发展带来了更多新的可能。

（二）市场推动

媒体本身除了具有公共事业属性外，还具有商业属性，互联网媒介从与传统媒介争夺影响力开始，然后进一步将影响力转化为市场效益，市场效益反过来又推进互联网媒介的做大、做强，最终形成与传统媒介的利益争夺。从这个意义上讲，受到"影响力"和"市场"双重萎缩打击的依靠传统媒介的媒体也不得不主动进行融合。① 传统媒体必须以影响力为核心，以用户需求为优先，利用新媒体的优势，加快促进新旧媒体融合，以应对用户需求及市场的变化，这直接驱动了媒体融合的发展与深化。

（三）政策变革

除了技术和市场对媒体融合的驱动作用外，政策变革也是媒体融合的必要条件。习近平总书记关于媒体融合问题曾指出，如果我们党过不了互联网和新兴媒体这一关，可能就过不了长期执政这一关。在传统媒体影响式微、用户从传统媒体迁移至互联网以及移动互联网的情况下，政府若想继续掌握舆论引导权，那么以政府为主导推动媒体融合发展也就成为必然。2014年8月18日，中央全面深化改革领导小组第四次会议通过了《关于推动传统媒体和新兴媒体融合发展的指导意见》，由此，媒体融合上升为国家意志。2019年1月25日，习近平总书记在中共中央政治局第十二次集体学习中再次重申推进媒体融合、构建全媒体格局的迫切性，并且为传统媒体的融合变革提供了切实可行的思路和方案。胡正荣认为2014年8月18日和2019年1月25日正是中国媒体融合发展的关键时间节点，前者标志着我国的媒体融合探索在全国范围内全面开展，后者标志着我国媒体融合建设开始迈向了加速建设的新阶段。② 可见，自2014年以来，政策层面的设计为我国媒体融合厘清了阶段性建设目标和总体要求，明确了建设新型主流媒体的任务。进入新发展阶段，《关于加快推进媒

---

① 赵云泽. 媒介融合的逻辑起点、实质及可能归宿[J]. 学术前沿，2019（1）：47-53.
② 胡正荣. 走向智慧全媒体生态：媒体融合的历史沿革和未来展望[J]. 新闻与写作，2019（5）：5-11.

体深度融合发展的意见》和"十四五"规划建议又为媒体融合的攻坚冲刺设计了蓝图，指明了方向，明确了媒体深度融合以及建设全媒体的时代命题，这无不体现着国家政策对于媒体融合发展的推动作用。

### 四、融合进程中新闻传播的变革

媒体融合背景下，新闻传播的流程、渠道、方式乃至主体与规则都在发生着深刻的变革，以融合新闻重塑新闻样式，优化新闻传播效果是适应新闻传播变革、实现新闻报道创新的必然选择。

#### （一）传播主体扩展

美国学者桑德拉·鲍尔等提出了"电子对话"的概念，认为大众传播是独白式的传播形态，人际传播是对话式的传播形态，而以信息传播新技术为手段的传播，则是电子对话式的传播形态。由此，数字技术颠覆了传统的传受关系，重构了受众身份，扩张了受众权利，也使得"受众"这一历史概念更新为"用户"。用户概念的诞生表征着人与媒介关系的变迁，个体不再仅仅是媒介消费的终端，而是在个人消费的同时演变为产销者，成为新闻二次扩散的传播者以及新闻生产的直接参与者。比如，澎湃新闻除专业化新闻记者编辑，还引入用户生产主体，通过设置新闻追问功能，用户可以关注自己感兴趣的问题，对新闻事件的关键细节或背后的社会意义进行提问，而优质回答内容将被展现在热门追问页面，实现了内容的用户生产。

2019年底，Epoch故事小馆和Remix教育联合快手在组织百校万人快手体验周活动契机下发起影片联合共创项目。该项目号召大家拿起身边的手机、相机在2019年农历除夕的当天，记录自己2010年代最后一天的故事。活动最终征集了两百多位来自国内外各地的参与者在除夕当天拍摄的素材，经过后期团队的筛选剪辑，最终形成了一部5分27秒的短片——《一零年代的最后一天》。

#### （二）传播流程重塑

媒体融合的发展使得新闻流程改造成为大势所趋，形成了"中央厨房"式的新闻生产机制，通过"一次采集、多种生成、多元传播"重构媒介组织结构，整合传播渠道，重塑生产流程。比如《人民日报》"中央厨房"在内容生产流程变革上主要涉及四方面内容，即人员的跨部门、跨媒体、跨地域和跨专业"四跨"组合；构建以总编调度中心为指挥中枢，报社总编室、人民网总编室、新媒体中心总编室等为支撑的联动组织架构；一室一策的考核机制；构建与地方媒体合作的内容生产生态，协同生产，共建工作室。①

2012 年 12 月 20 日，《纽约时报》推出的特别报道《雪崩：特纳尔溪事故》（以下简称《雪崩》）获得普利策新闻特稿奖，它先在《纽约时报》网站上发表，6 天之内就收获了 350 万次页面浏览量，3 天后才在印刷版报纸中刊出。打开这个作品的新闻网页，呈现在眼前的首先是全屏循环播放的积雪滚落山坡的视频，往下滑动页面，文字穿插于视频、照片和信息图之间。颠覆性的新闻呈现方式背后，是整个新闻制作团队之间的默契配合。《雪崩》的制作团队颠覆了传统的新闻报道组织模式，打破了以往传统媒体中从记者到执行主编的垂直型的采编架构，代之以全新的"分组互动写作模式"——采写组、多媒体制作组和技术发布组分工合作。这可以看做编辑部为了应对新媒体冲击而进行的生产方式的变革。变革后的编辑部能够更好地满足受众多元化的阅读需求，媒介融合下的新闻生产力得到大幅度提高。②

（三）融合新闻叙事

1. 多媒体叙事

融合新闻是综合运用文字、图片、音频、视频、互动设置等多种媒介元素形成的新闻报道样式，多媒体叙事是其首要特征。但在具体的多媒体叙事操作中需要注意多媒体元素与报道题材的适宜性，即使用合适的媒介元素报道合适的新闻题材，避免媒介元素被过多过滥使用，比如视频适合报道文艺演出，图表适合表现复杂数据，动画适合还原无法拍摄的新闻场景。同时，多媒体叙事还要注意多种媒介元素使用的系统性和交融性。一方面，多媒体信息应按照一定的"顺序"和"逻辑"来合理安排多媒体文本，对每一种文本的使用应做到"集中"但不"极致"；③ 另一方面，用于呈现融合新闻的媒介元素或媒介技术有机融合在一起，而非简单地堆砌在一起。④

第三十届中国新闻奖"融合创新"单元作品《复兴大道 70 号》由《人民日报》出品，快手参与制作。该作品全程使用动漫画，把共和国 70 年的发展置于一条街道上，将开国大典、奥运会等历史事件转化为大道上的场景，读者则身处

① 程忠良. 人工智能时代"中央厨房"式媒介融合路径的追问[J]. 编辑之友，2019（5）：49-53.

② 陈力丹，向笑楚，穆雨薇. 普利策奖获奖作品《雪崩》为什么引起新闻界震动[J]. 新闻爱好者，2014（6）：43-46.

③ 顾洁. 融合新闻叙事的逻辑与原则——以《雪崩》《巨鲨戏小虾》《继续活着》为例[J]. 新闻记者，2017（1）：71-77.

④ 刘冰. 融合新闻：互联网时代新闻样式重塑[J]. 中国出版，2017（22）：22-25.

火车里，通过滑动屏幕观看动画，回溯我国发展历程，对国家复兴进程有一个"可视化"印象。

作品注重音画同步，在每一个时代范围内都会有音频配合，比如当音频播放"关闭十年之久的高考大门终于重新打开了"时，画面则配合为"尊重知识尊重人才"的标语以及"以优异成绩迎接祖国的挑选"的横幅。当画面移动至1990年亚运会时则同步有"亚洲雄风"的音乐原声响起，使读者沉浸于时代环境中，拥有极佳的"临场感"。

2. 跨媒体叙事

詹金斯认为，跨媒体叙事是指"随着媒体融合应运而生的一种新的审美意境——它向消费者施加新的要求，并且依赖于在知识社区的积极参与。跨媒体叙事是一种创造世界的艺术。为了充分体验虚构的世界，消费者必须承担追寻者和收集者的角色，通过各种媒体渠道寻找有关故事的点点滴滴的情节，并通过在线讨论组来比较印证彼此的发现，通过合作来确保每一个在这方面投入时间和精力的人在离开的时候都能获得丰富的娱乐体验"。① 在跨媒体叙事中，一方面，"每种媒体都用其独特的优势为故事的叙述做出贡献，创造完整的叙事体验和更大的叙事体系"，② 另一方面，跨媒体叙事也是一种粉丝参与的叙事模式，强调媒体消费者尤其是粉丝的"盗猎者"行为对媒介产品某些材料的"挪用"并"制造出新的意义"，粉丝寻求弥散于各媒介内容中的意义，使媒

---

① ［美］亨利·詹金斯. 融合文化：新媒体和旧媒体的冲突地带［M］. 杜永明，译. 北京：商务印书馆，2012：53-54.

② 于文. 论跨媒介叙事的版权问题与对策［J］. 出版科学，2016(2)：20-24.

介内容迁移流动，粉丝是不同媒体跨越和联合的关键，跨媒体叙事经由媒介消费者/粉丝的参与得以实现。① 可见，跨媒体叙事基于媒体融合而生，其核心在于媒体生产者与媒体消费者的合作生产，由此，一个跨媒体故事横跨多种媒体平台展现出来，其中每一个新文本都对整个故事做出了独特而有价值的贡献。近年来，偶像类养成节目就体现出了鲜明的跨媒体叙事策略与特征。

3. 互动叙事

相较于传统新闻的单向传播模式，融合新闻的最大优势就在于实现了用户互动与参与。在实际的媒体接触行为中，用户互动存在于不同的层面，既可以是通过媒介与其他用户的互动，也可以是与媒介自身的互动，总之在信息交流过程中，参与的个体是双向的关系，并且都拥有一定的信息控制权。在融合语境下，互动功能的嵌入已然成为融合新闻叙事的"常规操作"。

根据用户参与互动的程度和深度，互动叙事可以分为三种类型：一是界面响应，主要指用户按照页面提示完成特定操作，在既定的叙事路径中获取新闻信息；二是路径选择，主要指新闻生产者预先设定多种叙事路径，用户通过触发并选择不同的路径，导向不同的故事结局，体验不同的叙事情节；三是角色扮演，多用于新闻游戏这一特殊的新闻叙事模式中，用户在新闻游戏中享有较大的发挥空间，能够自主定义内容框架，自主选择叙事路径，并通过具体的游戏体验获得相关的新闻认知。②

《2019 对话 1949：时代变了 初心未变》获第三十届中国新闻奖"融合创新"类奖项一等奖。创意上，作品改变了以往重大主题报道单一输出的模式，创新性通过"平行世界""隔空对话"的沉浸式体验，让当下的小学生、职场女性、即将就业的青年，分别与革命志士进行隔空对话，进而构建起三个不同的完整故事场景，让受众更乐于接受该种形式。技术上，作品互动性强，呈现上采用"单双机"互动方式，网友观看时可选择单人模式，也可邀请其他人双机同步体验，兼具社交属性。单机模式中，不同时代的两位主人公同时出现在同一移动终端的左右两屏；双机模式中，两位主人公则可以在两个终端屏幕中互相穿越，分屏互动，交互性强，体验感好。

① 赵丽瑾，侯情. 跨媒体叙事与参与式文化生产：融合文化语境下偶像明星的制造机制[J]. 现代传播，2018(12)：99-104.

② 刘涛，杨烁燏. 融合新闻叙事：语言、结构与互动[J]. 新闻与写作，2019(9)：67-73.

# 第二节　培养融合新闻思维

## 一、用户思维

融媒体时代，信息的供应格局从供不应求的卖方市场主导开始变为供过于求的买方市场主导，受众的概念逐渐被用户取代，大众传播模式实现了从"传者中心"到"受者中心"再到"用户中心"的转变。采用"用户"这个概念，除了意味着对新媒体的"使用"行为的关注外，还包含对新媒体使用者的"主动性"的强调。相应地，新闻生产方式和生产理念必然随之发生变化，注重用户需求、提升用户体验、增强用户黏性自然成为融合新闻报道的新追求。

（一）以信息服务为中介建立和维护媒体与用户的关系

新媒体被誉为"关系媒体"，经由互联网进行的信息传播也被看做一种"关系传播"，这说明，不管是新媒体，还是传统媒体互联网化，要想赢得市场、赢得用户，就要建立各种各样的人与媒体的关系，就要衔接各种各样的人与人的关系，就要营造一个以媒体为枢纽的大型的社交网络。在建立和维护这些关系的过程中，媒体依靠的就是信息服务这个重要的中介。

媒体融合的主体从微观上表现为信息生产者与信息消费者之间的产消融合，背后反映的是内容与用户之间的关联与匹配问题。传统媒体用户流失的一个重要原因就是没有解决内容或服务与用户精确适配问题。① 传统媒体具备内容生产的优势，又在融合进程中加大了渠道建设，但因为内容优势不能有效对接用户所需，其价值和影响力就无法有效转化为用户黏性，媒体平台的每日有效活跃用户数和用户平均停留时长也未能获得根本性的增长。因此，融合应以运营的观念统摄传播的观念，通过用户关系维护实现信息价值供给关系的良性循环。目前，大数据、LBS以及智能推荐等技术在解决用户匹配问题方面取得了重大突破，随着算法优化、智能升级，用户画像和内容画像的匹配逐步精确化，这既可以解决内容适配的问题，也有助于实现优质内容和品牌影响力的价值转化和变现能力，最终达到媒体供给侧和需求侧的平衡。

(二)重视挖掘用户数据，提升用户分析价值

传播模式转变为以用户为中心之后，个人的网络参与行为，不论是主动的信息生产与发布还是随意的言语行为都会变成数据嵌入更大的公共领域，产生一种有价值的副产品。数据挖掘与分析技术将用户的状态、行为与思维活动媒介化为抽象的数据，数据成为个体在各类终端与平台的映射与化身，② 成为揭示用户身份特征、行为习惯以及兴趣偏好的基本手段，也为媒体的内容生产与内容分发提供重要依据。比如《雪崩》制作团队通过数据扒取和挖掘工具(即利用大数据)，通过对热点话题和关键词的搜索，获得了大量的数据，从中分析出受众的关注点、知识盲点分别是什么，随后才着手策划这个新闻专题，非常有针对性。③

二、平台思维

传统媒体自诞生起就独揽了公共信息生产和大众传播的控制权，由此形成了封闭式的媒体组织结构和运行逻辑，任何外部力量都难以涉足其中，也划定了媒体与受众泾渭分明的界限。而新媒体的信息生产、传播与消费都是在一个

---

① 程忠良．人工智能时代"中央厨房"式媒介融合路径的追问[J]．编辑之友，2019(5)：49-53．

② 彭兰．新媒体用户研究[M]．北京：中国人民大学出版社，2020：323．

③ 陈力丹，向笑楚，穆雨薇．普利策奖获奖作品《雪崩》为什么引起新闻界震动[J]．新闻爱好者，2014(6)：43-46．

基于双向链接呈现出的网络化结构当中完成的，这个网状结构中的每一个节点都是一个行动者，每一个节点都掌握着信息流通的开关，决定着信息流动的流量与流向，这种去中心化、去集权化的网络化格局从根本上打破了传统媒体时代的信息垄断，也形成了网络社会开放、流动的基本结构。这种社会结构的变迁从根本上改变了社会信息生产的逻辑，使得传统媒体在内容生产、渠道建设、跨界合作等方面不得不持续做出开放性探索。①

按照喻国明教授的说法，媒体转型融合发展的趋势应该是打造与互联网逻辑相吻合的"平台型媒体"。这种平台型媒体不再单靠自己的力量做内容和传播，而是打造一个良性的开放式平台，平台上有各种规则，服务和平衡各种力量，并且向所有的内容提供者、服务提供者开放，无论是大机构还是个人，其各自独到的价值都能够在上面得到尽情发挥。② 在融合发展的进展中，传统媒体除了借助第三方新媒体平台，也都在有意识地积极建设自有平台，通过打造差异化的网上平台，形成自己独特的网络入口，以此对接更多的外部资源以实现价值空间的延伸。目前，各级媒体都在突破单一新闻服务功能，积极探索功能、业态的多元延伸。例如，湖北长江云新媒体集团就在新闻、政务的基础上加入了各类移动服务功能，以实现全省优势资源的高效整合，从而扩大用户市场。③ "长江云"作为区域性的全媒体平台，在整合政府资源，实现组织化、大规模内容生产上做出了有益探索。它整合了117家地市资源，通过资源整合，形成组织化的大规模新闻生产，通过平台化发展进一步掌握了主动权，提升了传播力。"长江云"还聚合全省政府部门和各级主流媒体进行跨界跨域的创新性融合发展，立足平台内各个参与主体，建设共生共赢共享的生态圈。④可见，以平台思维导向构建起平台生态系统，可以有效整合新闻生产资源，提升新闻互动效率，优化新闻价值效应。

### 三、产品思维

融合新闻生产的产品思维就是用营销的理念包装新闻内容，使之成为一个

① 王佳. 新发展理念下媒体深度融合的实践逻辑与发展方向[J]. 编辑学刊，2022（4）：66-70.

② 喻国明. 互联网是一种高维媒介——兼论平台型媒体是未来媒介发展的主流模式[J]. 新闻与写作，2015（2）：41-44.

③ 胡正荣，李荃. 锐意求变以破局 因时而动方有为——2019年媒体融合年度回顾与展望[J]. 新闻战线，2020（3）：29-33.

④ 颜兆祥，张萍. 推进广电媒体融合的三个思维导向[J]. 传媒，2020（9）：71-74.

有明确市场定位、以用户为导向并能与商业连接的产品。① 在融合新闻产品的生产过程中，仅依靠简单的内容输出是不够的，而是需要通过微信、微博、APP 等一切新的互联网或移动互联网工具来汇聚更大范围内的忠实用户，需要靠关系与情感、空间与场景、连接与关联等一系列因素，一个媒体对用户的黏性，往往是在一系列产品与服务的接力中，不断得以巩固的。② 因此，在融媒体时代要以产品意识更新新闻生产理念，拓展传媒消费市场。

(一)树立产品营销意识

媒体融合时代，是价值经济时代，价值经济就是以为用户创造价值为己任，开放、协作、共赢、参与、互动成为其主要价值观。在这种时代要求下，新闻文本的生产和传播都应以实现这些价值的最大化为立足点，新闻内容通过以产品的形式发布来实现和提升用户在新闻内容中的满足感。因此，传媒人不仅要对以往的信息进行采集、审核、创作及分发，还需要关注新闻产品设计、包装、发布及售后的整个流程，尤其是内容制作的过程中，要提前设想用户的接受度、反响度。③ 可见，新闻阅读不仅在于获取信息，更应成为一种愉快的体验，成为一种对服务价值和营销价值的延展，定制新闻也应成为用户接收新闻的常态。创造"悦读"体验，提升"悦读"品质，一定意义上说，就是要以界面为中介提升媒介与用户的关系，利用界面的吸引延长受众的媒介接触频次和强度，从而提高媒体"黏性"。

(二)精确定位用户需求

市场逻辑是媒体融合的逻辑起点之一，受众需求的变化通过市场经营的压力传递给传统媒体，引发了传统媒体对媒体融合的自觉探索。这意味着传统媒体必须以影响力为核心，以用户的需求为优先，利用新媒体的技术和渠道优势，谋求自身新的发展优势。而精准营销需要的是精确定位，精确定位有赖于连接产生的大数据。大数据的参与者都是无意识的参与者，用户的每一次搜索、点击、转载、点赞等，实际上都参与了数字平台的大数据采集，而正是这种无意识的参与，使数据具备了更强的真实性、客观性和有效性。随着数据的开放、数据采集的便捷、数据分析的普及，个性化新闻生产的脚步不断加快，

① 刘涛，等. 融合新闻学[M]. 北京：高等教育出版社，2021：44.

② 彭兰. 好内容不一定能带来用户黏度——新媒体时代服务思维的转变[J]. 新闻与写作，2015(2)：1.

③ 陶喜红，周也馨. 媒介融合背景下传媒人产品思维的养成[J]. 青年记者，2021(4)：21-23.

媒体甚至能比用户更了解其偏好与需求，实现真正意义上的新闻定制。

需要注意的是，在以用户为中心的时代，媒体不仅要积极满足用户需求，更要牢记主流媒体的引领永远大于迎合，及时回应社会关切，与用户的情感产生共鸣和交互才是其生存之道。比如2019年春节期间，央视新闻《相约在零点37分》记录了陕西榆林两位铁路工作者的真实爱情故事，记录了一次仅有1分52秒的碰面。这则被网友评为"神仙爱情故事"的短视频没有华丽的技术加持，选题却精准反映了社会现实和年轻互联网用户的情感心理，在春节这一特定时间节点，成功地用两个年轻人的平凡小事引发了大众的情感共鸣。《相约在零点37分》在"两微"、抖音等平台被接力转发，微博话题#1分52秒神仙爱情故事#登上热搜第一，两天内阅读量达2亿。真实情感、细节捕捉、现实观照，《相约在零点37分》体现了新闻的时、度、效，体现了央视作为优质内容生产者的影响力和专业优势，也为徘徊在技术风口踟蹰不前的媒体人提供了优化新闻产品传播效果的价值回归思路。[1]

**(三)拓展传媒消费市场**

媒体融合的可持续发展有赖于商业模式的建构和传媒消费市场的拓展。没有资金支持的媒体转型无异于无源之水，但是单纯依靠各级政府部门的财政补贴而缺少造血能力的媒体融合更是注定不会长久。

麦奎尔认为受众即市场，而今天的市场营销观念也更强调由外而内的产品销售，即以消费者为中心，建立营销活动以满足顾客的需求。[2] 随着媒介空间的拓展，传媒业呈现出发散型发展趋势。受众注意力的有限性要求新闻内容的生产、传播、运营必须具备前瞻性和规划性，发挥自身优势，建立新闻品牌，有效利用市场资源。一方面，以内容生产为核心的新闻产品在传媒市场要依据用户细分和精确算法进行，根据受众的喜好以及需求，实现有针对性的投放，这样不仅能缩减广告商的投入资金，而且能取得不俗的变现效果。[3] 另一方面，媒体要在更大范围嵌入整个社会系统的运作，以新闻信息为核心，进行垂直开发，促进传媒内容生态的完善与升级。比如，南方报业传媒集团2018年开始打造智库矩阵，不再局限于单一的信息报道，成为其融合进程推进中的重

① 曾祥敏，刘日亮. 媒体融合质变的关键问题研究——基于2019年中国媒体融合发展的分析[J]. 现代出版，2019(6)：6.

② 陶喜红，周也馨. 媒介融合背景下传媒人产品思维的养成[J]. 青年记者，2021(4)：21-23.

③ 曲升刚. 主流媒体媒介融合的结构性矛盾思考[J]. 青年记者，2019(5)：55-56.

要举措。成都传媒集团将"两微一端"归为事业类新媒体，将医疗、教育领域的分类垂直开发归为产业类新媒体。产业类注意吸引社会资源，由跑线记者牵头运用报纸影响力，整合社会资本。

### 四、系统思维

目前人们对"融合"的普遍共识在于其多维性，它不仅体现在技术的变革上，还指向产业结构、用户行为、文化形态以及传播实践等更为广泛领域内的变革。进入新发展阶段，媒体融合的新内涵和新规律要求其必须以总体性与全局性的系统思维作为统领。

媒体融合是以技术为发端，在用户信息消费阵地转移后，市场和政治力量加入新媒体媒介场域的一次媒介格局再调整。[①] 技术设备和产品不断延伸人们的传播能力，促使人们开展与之相适应的传播行为与实践，由新技术引领的媒介实践通过对用户市场的竞争重塑传媒市场格局，围绕技术发展与传播实践又会形成与之相适应的社会性制度安排与组织结构。技术、市场和政策三重驱动因素本质上是动态发展且相互关联的，在具体的融合实践进程中，要注意这三者的协同问题，使之协同发力、形成合力，避免以偏概全。在承认技术创新重塑传媒生产逻辑的前提下，要保持内容价值初心，避免将新闻报道变成简单的新科技展示和流于表面的机械化炫技；在积极满足用户需求的基础上，要坚持主流思想引领价值，避免因屈就于市场而过度迎合用户；在坚持政府顶层推动的逻辑下，平衡政策与市场的关系，避免过度依赖政策倾斜而忽视自我"造血"机能的提升。

---

① 赵云泽.媒介融合的逻辑起点、实质及可能归宿[J].人民论坛·学术前沿，2019（1）：47-53.

# 第一章 融媒体时代新闻采访活动的本质属性

新闻采访是整个新闻报道活动的起点，新闻写作与编辑等后续工作都是以新闻采访作为前提和基础的。新闻采访获得的素材丰富，新闻报道才能详实完整。新闻采访深入，材料真实可靠，新闻报道才能符合真实性这一新闻最基本的特性。新闻采访越及时，新闻写作的素材就越新鲜，报道就越具有时效性。所有的报道都是采访的结果，即使融合新闻的兴起改写了传统新闻生产流程，采访仍是记者的基本功。传统的新闻采访在融媒体时代的价值依然不可替代，同时，基于信息技术创新的融合新闻的信息采集也应引起重视。

## 第一节 新闻采访的定义

### 一、采访概念源流

为了对"新闻采访"这一概念有一个比较明确、全面的理解，我们有必要对"采访"一词作一种源头性的考察。

早在元谋人活动时期，原始人类出于自身生存需要，需经常了解外部环境；探寻动物足迹，以掌握猎情；观看天色，明了季节变化。从新闻传播活动的广义概念而言，这里的"观看""探寻"在一定程度上具有了采访活动的原始意味。但由于当时还没有也不可能产生专门采集新闻的机构，这种"新闻采访"确切地说只是人与人之间简单的信息传递。商周时期，开始出现了"采诗""采风"之说。宫廷官员于春秋两季出巡列国，到民间搜集诗歌、采集民俗，这种实质上是统治阶级了解社会、作为施政参照的"以观民风"活动，已经具有了"采访"的性质。

"采访"一词的出现要早于"新闻"一词。在古汉语中，"采"和"访"两字均独立表意成词。"采"字本义：用手指轻轻摘取来，如《诗·周南·关雎》"参差荇菜，左右采之"，《周礼·乐师》"行以肆夏，趋以采荠"，引申义为"采集；

搜集"。"访"字本义：广泛地征求意见。如《诗·周颂·访落》"访予落止"，《说文》"访，泛谋也"，引申义为"寻访、访问、拜访"等。因此，"采"和"访"两字组成词语"采访"有"搜集寻访"之意。①

目前，研究者多以东晋文学家干宝的《搜神记·序》作为"采访"一词出现的最早渊源。《晋书·干宝传》中曾有这样一段文字记载："宝撰搜神记，因作序曰：若使采访近世之事，苟有虚错，愿与先贤前儒，分其讥谤。"这里所说的"采访"，含义与我们今天所说的"采访"基本相同。

采访作为一种采集信息的活动，在古代文献中也早有记载。比如汉代史家司马迁所撰著的《史记》一书，大部分材料就是根据他亲自采访所得而写；唐代开元年间，曾专设"采访使"，代表朝廷"考课诸道官人善绩，三年一奏"；《宋史·太宗纪》中也有宋朝"遣司勋员外郎和岘往江南路采访"的记载。而从事邸报、小报等工作的人通常被称为"访员""访事"。这类采访还不是真正意义上的新闻采访，但已经能反映出中国古代早期采访活动的特点。

"新闻采访"一词作为新闻工作的专门术语是在近代新闻事业发展的基础上得到逐渐充实和完善的。1872年5月8日，刚刚创刊的《申报》在《本馆自述》中写道："粤东旧有新闻纸管之设，所以网罗轶事，采访奇闻，论可解颐。"同月28日，《申报》刊登《采访新闻启》，向各方人士征求稿件，"采访"和"新闻"连用，说明"采访"的近代观念开始萌发生成。②

中国新闻事业在五四新文化运动的推动下，进入一个全新的发展阶段，一批新闻学著作相继问世，如徐宝璜的《新闻学》、邵飘萍的《实际应用新闻学》、戈公振的《中国报学史》等都论及了新闻采访活动。1938年5月，王文彬撰写的《采访讲话》是中国第一本以"采访"命名的新闻学著作，标志着"采访"一词成为新闻学专业术语。

## 二、新闻采访的定义

纵观国内、国外，目前对"新闻采访"所下的定义有上百种之多，可谓见仁见智，众说纷纭，难以形成一种统一的理解和看法。

西方新闻学者通常更强调采访的双向交流功能和采访的过程。比如，沃伦·艾台在《实用新闻学基础》中说："采访是一种人际的交往，是被采访者与采访者之间面对面的一种思想和个性的交流。"约翰·布雷迪在《采访技巧》中

---

① 邓绍根. "采访"词源新证及其术语的形成[J]. 当代传播，2009(6)：58-60.
② 邓绍根. "采访"词源新证及其术语的形成[J]. 当代传播，2009(6)：58-60.

说："采访就是云游四方，会晤三教九流，满足人们的好奇心。采访就是面对一位高深莫测的名媛，她安然而坐，说：'好，开始吧。请随便问。'采访就是碰上一位你从未听到过的人物(但你的编辑说'找到他')，通过秘书的一个冷冰冰的电话告诉你，'某某先生今天太忙不能接见您，而且明天他就要去菲律宾'。总之，采访难以预料。"

我国学术界关于新闻采访的定义大体可以归纳为三大类：

（一）素材搜集说

甘惜分在《新闻学大辞典》中说："新闻采访是记者通过访问、观察等方式，采集新闻材料的活动。"该定义就是从素材搜集的角度对新闻采访进行界定的。类似的定义还有：

新闻采访是记者通过各种方式寻找和采集新闻素材的活动。①

新闻工作者为搜集新闻素材所进行的活动。②

记者为了报道新闻而进行的各种采集和挖掘事实材料的职业性活动。③

这类定义侧重于采访的内容和结果，强调了新闻采访最直接的目的就是为了获取新闻素材。但是，不足之处在于忽视了新闻采访的手段以及新闻报道的根本目的——新闻传播。

（二）调查研究说

这类定义具有代表性的有：

新闻采访"是向客观事物进行调查研究的一种活动"。④

新闻采访，是记者认识客观事物，寻找与挖掘新闻事实或新闻的调查研究活动。⑤

新闻采访就是为采集新闻而进行的调查研究。⑥

对于侧重调查研究说的定义，刘海贵将其总结为两类：一类是新闻采访是记者认识客观实际的活动，或是主观认识客观的调查研究活动；另一类是新闻采访是调查研究活动在新闻工作中的运用。⑦

---

①　高宁远，郭建斌，罗大眉．现代新闻采访写作教程[M]．北京：新华出版社，1998：34.

②　刘海贵．当代新闻采访[M]．上海：复旦大学出版社，2002：5.

③　徐国源．当代新闻采访与写作[M]．苏州：苏州大学出版社，2006：51.

④　蓝鸿文．新闻采访学[M]．北京：中国人民大学出版社，1984：91.

⑤　梁一高．现代新闻采访学教程[M]．北京：中国广播电视出版社，2001：132.

⑥　杜荣进．中外新闻采写借鉴集成[M]．杭州：浙江教育出版社，1999：126.

⑦　刘海贵．新闻采访教程[M]．上海：复旦大学出版社，2011：2.

这类定义旨在说明新闻采访是记者主观认识客观的活动，是一项具有某些或部分调查研究性质的活动。但都略显笼统，对新闻学框架下关于新闻采访个性特点和特殊规律的观照不足。采访本质上是人的一种认识客观事物的活动，直观来看，就是记者了解、认识客观事物的活动。但是了解、认识客观事物的活动是极其广泛的。一个人生活在世界上，工作在社会里，可以说每时每刻都在了解、认识客观事物，但不能说他每时每刻都在进行"采访"。采访与一般的了解事物显然有很大的区别，它是一种有目的、有组织、有计划、有具体任务和要求的，自觉认识客观事物的活动。①

同样，采访是调查研究，但是调查研究所包含的范围要比采访广泛得多。政策研究部门要搞调查研究，为制定和修改政策提供依据；公安部门搞侦破，是调查研究；法院审理案件，也是调查研究；搞历史研究的人也必须搞调查研究。总之，人们为了认识客观世界，总要从自己的业务出发进行必要的调查研究。② 因此，新闻采访是为新闻工作而开展的、基于新闻采访特殊规律的一种特殊的调查研究。

（三）互动行为说

这种理解主要是从人际互动的角度来诠释采访，把新闻采访理解为一种对话、一种交流、一种人际沟通和互动行为。

艾丰在《新闻采访方法论》中依据记者的社会地位和职业特点将新闻记者描述为社会活动家，将记者采访的基本方式界定为社会活动方式。他指出，记者采访的社会活动既指那些非行政的、非法律的又非纯属私人的活动，也指那些人与人之间平等地、自由地进行的社会交往活动。③ 这里所说的采访的社会活动方式实际上就是侧重于从人际互动的角度来诠释采访。

总的来说，以上各类定义都从不同侧面反映和强调了新闻采访的特点。我们将新闻采访定义为：新闻采访是新闻记者出于新闻传播的目的，通过访问、调查研究、现场观察等手段，认识客观事物、挖掘新闻线索、搜集新闻素材的一种职业性活动。一般来说，理解新闻采访应该把握以下几方面的内容：

第一，新闻记者是新闻采访的主体。新闻记者是实施新闻报道行为的主体，负责信息的采集、加工和传播。当然，融媒体的发展扩张了新闻生产的主体，一方面，用户作为一个重要的生产要素被纳入媒体生态，社交技术化使得

---

① 艾丰．新闻采访方法论[M]．北京：人民日报出版社，2002：11.
② 艾丰．新闻采访方法论[M]．北京：人民日报出版社，2002：11.
③ 艾丰．新闻采访方法论[M]．北京：人民日报出版社，2002：22.

用户成为网络产品的共同开发者和网络社区的合作参与者，另一方面，机器生成内容以及人工智能主播也越来越多地参与到媒介生产中。① 因此，作为新闻采访主导力量的记者也需要与时俱进，在采访方式上不断探索和创新。

第二，客观事物是新闻采访的客体。从认识论看，客观事物是新闻记者认识和反映的客体。从内容上看，新闻采访就是对新闻信息的采集和访问。由于新闻记者是被组织在一定的新闻机构中的，其实际的采访活动必须遵循新闻传播规律，因此，记者反映的客观事物应该是新近发生的具有新闻价值的事实。

第三，以写作新闻报道为目的。为新闻报道服务是新闻采访活动的主要目的。在众多认识客观事物的活动中只有为了新闻报道这一业务目的而开展实施的才称得上新闻采访。

第四，新闻采访是一种特殊的调查研究活动。调查研究活动是新闻采访的本质属性和最基本的工作内容。新闻事实的认识、新闻线索的挖掘、新闻素材的搜集都离不开调查研究，所谓"脚板子底下出新闻"。当然，不同的调查研究有不同的方式，从本质上说，新闻采访是为了新闻报道而开展的一种专业性的或职业性的调查研究活动。新华社穆青同志指出，新闻工作者的调查研究应该为新闻报道工作服务，应着重于：一、抓思想；二、抓矛盾；三、抓萌芽状态的问题；四、抓典型。作为新闻记者，随着媒介技术的不断发展，更需要研究、探索和掌握新闻采访的特殊规律与适宜的采访方式。

## 第二节　新闻采访在新闻传播活动中的地位与作用

从整个新闻传播活动的过程看，采访是关键性的第一步，是其他各种新闻传播活动的基础。我国著名新闻工作者邵飘萍在1923年所著的《实际应用新闻学》一书中指出，报纸有三项任务：采访、编辑、经营。而这三项业务中，"以采访最为重要"，因为"一张报纸的最主要的原料厥为新闻，而新闻之取得乃在采访"。美国《塔尔萨论坛报》的记者鲍勃·福尔斯曼说："笔下的功夫不强照样能当一名出色的记者，但不善于进行采访是绝对当不好记者的。"正所谓"七分采访三分写作"。可见，新闻采访作为新闻报道活动的开端和基础，在整个新闻传播活动中具有重要的地位和作用。

---

① 王佳. 新发展理念下媒体深度融合的实践逻辑与发展方向[J]. 编辑学刊，2022（7）：66-70.

## 一、新闻采访是新闻生产的前提与基础

新闻采访的基本目的就是快速了解那些具有新闻价值的、真实的事实，寻找和采集相关的新闻素材。记者只有在采访中占有大量材料，才能为整个新闻传播的流程奠定基础。倘若没有采访，新闻材料将无从觅得，新闻传播的其他环节更是无从谈起。全面、准确、深入的新闻采访是了解事实、廓清真相、实现新闻真实的先决条件。从广义上说，新闻采访包括查阅资料、现场观察以及与知情人的沟通，这都需要记者做大量细致的工作。《人民日报》记者田流在《采访在新闻报道中的地位》一文中，提到了他经历的一次困难的采访，值得我们一读。①

> 我的采访对象是一位县委书记。他不但把全县的生产搞得很好，更重要的是他的作风和工作方法，为我们树立了一个党的干部的光辉形象，事迹很感人。但他是个非常谦虚的人，根本不肯谈自己。在这种情况下，要完成采访任务，就不能用平常用的正面访问的方法，只能用间接采访的办法。他是县委书记，他不谈自己，我就翻阅两年来全部的县委会议记录，你是县委书记，县委会议上你总得发言吧。然后我顺着他那年下乡的路线去向干部、群众进行了解，看他当时碰到什么问题，怎样解决的，怎样使全县工作发生了根本性的变化。掌握了这些情况后，我又回到县委会，虽然他仍不谈他自己如何工作的事，我却仍然成天跟他在一起，闲谈就闲谈，散步就散步，有人找他谈问题我在旁看着、听着，他们开会我也参加。经过这样的观察接触，加上我从县委其他同志处了解的情况以及在群众中调查来的材料，我对这位县委书记的工作、思想以及性格等都了解得比较详细深刻了，终于写出了通讯《金星奖章获得者——任江栋》。

## 二、新闻采访是事实转化为新闻的关键环节

新闻采访是以新闻报道为目的的特殊调查研究活动，它的根本职能是为了进行报道。新闻是新近发生的事实的报道。"报道"将新闻纳入生产和传播的动态过程，事实是报道的基础，事实只有经过公开报道才能成为面向社会并为受众接受的新闻。其中，新闻采访是事实能够成为新闻的重要桥梁和纽带。新

---

① 田流. 采访在新闻报道中的地位[J]. 新闻记者，1983(8)：41-43.

闻采访既是新闻记者采集事实的起点，也是传播事实的必经过程，是联系两者不可或缺的关键环节。

2007年5月10日，《南方周末》头版刊登文章《神雕之死》，堪称调查报道中的经典之作。① 记者通过网上的一篇博文，得知一个偷猎虐杀国家一级保护动物——金雕的线索，通过20多天的采访调查，揭开了"神雕之死"及其背后的野生动物地下贩卖黑网。报道发表后，社会舆论反响强烈。如果没有记者傅剑锋深入的调查，这一事件就无法呈现在社会大众面前，也就无法产生巨大的社会效应。可以说，是新闻采访将有关事实的原始材料与一条重大新闻紧密地联系起来的。

### 三、新闻采访是培养与提升记者的主要途径

新闻采访活动有利于发挥新闻主体的创造性。这种创造性要求新闻记者在完全尊重客观事实的前提下，深入实际，调查研究，全面掌握第一手材料，同时掌握认识事物的科学理论和方法，创造性地开展新闻报道活动。融媒体时代，这种创造性对新闻采访提出了新的要求。媒体融合需要的是全能型的记者，面对报纸、杂志、网络电视、微博、微信等传播平台，采访工作是"一次采集、多种生成、多元传播"。这就要求记者不仅会熟练使用手机、照相机、电脑、摄像机等工具，还要熟练使用各类型媒体，如微博、微信等。在采访的过程中，记者要兼顾不同媒体的不同特性，针对不同的媒体，提前规划内容，如采访对象、采访问题等，划分多个侧重点，使之适合不同的媒体。②

新闻采访本质上是一种信息采集活动。融媒体时代，"大数据采集"为新闻记者提供了新的信息采集方式。所谓"大数据采集"，是指在信息技术支撑下基于对数量巨大、来源分散、格式多样的数据进行采集、存储、关联分析的一种信息采集方式，其核心是将海量的数据资源转化为"可制表分析的量化形式"，并通过对数据进行挖掘，发现基于直观观察、定性分析难以发现的事物特征及其演化规律。③ 类似"大数据采集"这种全新的信息采集方式自然可以为新闻采访提供更多的便利，也更有利于全面、客观、迅速呈现新闻事实。但

---

① 吴晨光．源流说：内容生产与分发的44条法则［M］．北京：中国人民大学出版社，2020：47-57.

② 刘昭君．新闻采访与写作在媒体融合中的地位［J］．电视指南，2017(9)：178.

③ 喻发胜，鲁文禅，张加俊．从"观察式采访"到"大数据采集"——以突发事件大数据采集为例［J］．中国编辑，2019(3)：77-81.

是，实现"大数据采集"的前提是新闻记者必须具备基本的"大数据采集"能力，能够通过调取、处理、分析、运用数据支撑对新闻事件的报道。在"人人都有麦克风"的时代，新闻记者的专业水准和职业水准不仅依赖于传统的专业知识和职业技能，还在于需要不断培养与提升的技术能力与技术素养，这也是融媒体时代对全能型记者的必然要求。

## 第三节　新闻采访活动的特征

融媒体时代的新闻采访既具有传统新闻采访的特征，又具有鲜明的时代特色，具体表现在以下几个方面：

### 一、事实性

新闻的本原是事实。先有事实，后有新闻；事实是第一性的，新闻是第二性的。新闻采访的本质就是要认识客观事物，就是要获取客观事实。一般地说，事实是客观事物已经发生和正在发生的较为完整的发展过程。它是客观的、现实的、第一性的东西。① 新闻采访就是通过大量地、充分地占有各种材料，才能发现有价值的新闻线索，才能搞清事实真相，才能准确生动地报道事实。记者郭超人为采写发表时只有4000多字的通讯《驯水记》，搜集了30多万字的资料，以至后来他可以根据这些材料写成20多万字的专著《六亿神州驯水记》。② 这虽然是比较突出的例子，但从中也可以看出大量占有材料的重要性，而材料正是通向事实的桥梁。

### 二、信息性

新闻采访的目的是采集信息、传播信息。人们从事新闻活动根本上也在于获取外界信息。"新闻是新近发生的事实的报道"、"新闻是新近事实变动的信息"是对新闻常见的两种理解和界定方式。一般认为，报道和信息是对新闻形式和内容的两个层面的理解。新闻是报道，表达出新闻的形式；新闻是信息，表达出新闻的实质。③ 新闻反映的是客观事物所释放出的"最新信息"，而不是相对稳定的"事实"本身。比如，一些社会影响大、社会关注度高的案件，

---

① 艾丰. 新闻采访方法论[M]. 北京：人民日报出版社，2002：33.
② 艾丰. 新闻采访方法论[M]. 北京：人民日报出版社，2002：34.
③ 李良荣. 新闻学概论[M]. 上海：复旦大学出版社，2013：45.

舆论或者媒体往往会赋予其一个特定的称谓，冠名以"××案"。"××案"的称谓就是相对稳定的事实本身，而新闻报道就是要把这个案件发展过程中的最近进展呈现出来，体现的是一种连续性的特点，也反映了信息传播的基本特点。因此，新闻在本质上是一种信息传播，获得新闻就是为了获得有效的信息，而这种信息的获得就在于新闻采访活动的实施。

### 三、及时性

新鲜是新闻存在的价值，新闻的时效性要求决定了新闻采访的及时性特点。新闻的"新"一方面体现在事实之新，只有把握了事实之新，才能保证所有的受众得到的信息都是新的，另一方面体现在闻听之新，即第一时间把这些新发生的事情报道给广大受众。所以，新闻新鲜性的重要保证在于迅速及时地采访新闻。采访慢了，报道就无法及时刊出，新闻也就贬值了。及时采访是新闻存活及构成新闻价值的重要条件，是实现和提升新闻传播效果的前提和基础。

从报纸、广播、电视到互联网，媒介形态的变迁不断赋予采访及时性新的内涵、优势与要求。比如，采编一体化让央视所创的"中央厨房"型的报道模式得到推广，采写设备的升级，采写过程的更新，让记者的采访活动更加轻松，有助于捕捉更充分全面的采访内容，提高工作效率和新闻时效性。①

### 四、融合性

#### （一）善于运用新媒体技术

融媒体时代的新闻采访，需要将新的媒介技术应用到新闻采集当中去。从传统的纸笔到谷歌眼镜、移动互联相机、远程视频对话系统等，记者可以利用的采编装备有了极大的升级，通过新媒体技术设备，记者可以独自承担文字、摄影、摄像、录音等多个采访流程，提高了工作效率，节约了采访人力。比如，2017 年全国两会期间，光明网记者身上的"钢铁侠"多信道直播云台吸引了与会者的广泛关注。"钢铁侠"多信道直播云台是光明网打造的全媒体报道单兵设备，该云台集新闻信息采集、发布于一体，现场只需一名记者即可快速实现视频、全景、VR 等内容的同步直播与录制，通过设备后台的云控制台、云存储及流媒体服务系统，记者还可以一键同步实现 PC 端、新闻客户端及H5（超文本标记语言）页面等跨平台视频内容的分发与适配，让多种媒体产品

---

① 刘昭君. 新闻采访与写作在媒体融合中的地位[J]. 电视指南，2017(9)：178.

在同一平台快速生产聚合。① 近年来，类似"钢铁侠"的新式设备越来越多地涌现并运用于新闻实践，对记者既是"减负"，又是"赋能"，也使得新闻采访具备了鲜明的技术特征。

此外，新闻采访还可以利用新媒体技术进行网络舆情的监控，对舆情进行全方位的研究分析，及时发现新的舆情动向，从而全面提高新闻采访的针对性。②

(二)善于发挥新媒体渠道优势

新媒体的出现使得信息传递更加及时，传播范围更加广泛，形成了一个"无所不在"的"5A"网络环境——从理论上讲，通过新媒体，任何人(anyone)、可以在任何时间(anytime)、任何地点(anywhere)通过文字、声音、图像等任何媒体(any media)传播任何信息(any message)。③ 新的媒体生态使得新闻信息的来源不断扩展，这为优化和拓宽新闻采访渠道提供了更大的空间。

媒体融合打破了传统意义上记者寻找选题的方式，除了权威部门发布、群众爆料、追踪已有社会热点新闻等传统信息收集方式外，记者也越来越多地通过搜索在线数据库、博客、微博等社交平台获取新闻选题和新闻素材。比如，博客、微博的相对开放和自由让它成为许多事件信息发布的首要阵地，记者利用博客、微博既可以找到新闻点，还可以了解人们对于该事件的看法。因此，融媒体时代的新闻采访要善于利用网络新技术和新媒体平台，提高信息采集的能力。

---

① 高赛，刘炼.光明网"钢铁侠"多信道直播云台亮相 一个平台融合多种媒体产品[N].光明日报，2017-03-03(04).

② 陆洁.新闻采访与写作在媒体融合中的地位[J].东南传播，2017(11)：163-166.

③ 匡文波.新媒体概论[M].北京：中国人民大学出版社，2019：15.

# 第二章　新闻采访活动史略

## 第一节　新闻传播活动的兴起

马克思认为："新闻传播活动起源于人类社会的交往，人类社会在生产劳动当中，处于生存与发展的需要，激发出及时了解外部社会变动的动机与行为，这是早期的新闻传播。"①我们所说的传播基本上是伴随着人类的产生和发展而自古就有的一种行为，与我们今天所说的有组织、专门化的新闻传播是不同的。

### 一、口语传播

二百多万年前的猿人，为了能够生存下去，他们群居在山洞里，在长期的劳动过程中，他们学会了制造和使用工具。可是，人类语言在这个时期并未出现，最初的传播活动主要通过发声和身体动作来进行。当一个猿人发现猎物时，他一个人的力量是无法制服并取得的，他必须通知自己的同伴，也许是通过某种吼叫，也许是通过某种身体动作来完成的。关于语言的产生，目前有这样几种假说，一种是模仿说，也就是人类语言是模仿动物的叫声而发出某种声音，比如狗叫声等，动物的叫声被人类记忆下来并与这种行为联系起来，以后当人们谈到狗叫声时，就会自然地发出狗叫的这种声音。第二种假说为感叹说。这种假说认为人类语言是出于一种偶然的情感的表达，比如人在高兴的时候发出的声音，在悲伤的时候或者满意的时候发出的声音。第三种假说为歌唱说。原始社会的时候，人类没有语言，但是在一些庆典活动的时候，大家可能会用歌唱的方式表达，这种咿咿呀呀的歌唱自然而然演化为了语言。第四种假说为动作说。主要指的是人们在做某种动作时，会不自然地发出某种声音，这

---

① 童兵. 马克思主义新闻经典教程［M］. 上海：复旦大学出版社，2016：4

种声音在以后就约定俗成地和这种动作联系起来。比如当人们在享受一种美味的食物时，就会不自觉地发出一种声音，那么在以后当人们看见这种同样的食物时，就一定会和先前发出的声音相联系。关于语言的产生，马克思有这样一句话，他认为，当人类到了不得不说点什么的时候，语言就产生了。语言的产生是伴随着人类的劳动和交往而发展起来的。

下面介绍一下口语传播的典范之作《荷马史诗》。

公元前12世纪末，在希腊半岛南部地区的阿开亚人和小亚细亚西北部的特洛伊人发生了战争，特洛伊城后来在战争的洗礼下被毁灭了。战争结束后，在小亚细亚一带流传着许多歌颂这次战争中氏族部落首领的英雄事迹的短歌，这些短歌在传诵的过程中，英雄传说又和当地的神话故事交织在一起，由民间歌者口头传授，代代相传。大约在公元前8世纪时，一位盲诗人荷马，他以短歌为基础进行加工整理，最后形成了具有完整情节和统一风格的西部史诗《伊利亚特》和《奥德赛》（统称为《荷马史诗》），公元前3世纪到公元前2世纪间，经亚历山大城的几位学者校订后，史诗有了最后的定本，流传至今。

《荷马史诗》是国外口头文学传播的经典之作，在我国，藏族民间的口头文学《格萨尔王》是我国国内口头传播的代表作之一。

在口语传播时代，口语是最主要的传播手段，人们还以体语、标记、图式、声光等多种方式进行传播。这是在我国新石器时代出现的比较成熟的人际信息传播活动。青海民和县阳山考古发掘中，出土了一个长约二尺、形状与现代喊话筒类似的陶制喇叭筒，这一考古发现，足以说明我国在这一时期已经出现了比较成熟的口语传播活动。

大约35000年前，人类学会说话并掌握语言。用语言进行思维和交流，记忆、传送、接收和理解各种信息，人类开始走向古典文明。

## 二、文字传播

人类出现文字传播最早的时间，在公元前4000年左右，此时苏美尔人发明了楔形文字，中国等地也出现了甲骨文字。我国有一个词叫"书画同源"，我们从这个词的解释中也可以想象文字开始出现的那个时代，在茹毛饮血的时代，猿人每天面临的最主要事情就是生存，也许当几个猿人出门去探寻食物和周围状况的时候，他们途经了一条小河，看见河水里面有鱼，起初他们也不知道鱼可不可以吃，也许在饥饿难忍的心理推动下，他们开始尝试食用，后来发现这种食物是可以吃的，当他们继续向前走的时候，他们就在这个河边做了标记，告诉后面的人，这条河里的这种鱼是可以食用的，当然他们还不会写字，也许就是用画画的方式进行告示的，这可能就是最早的文字雏形吧。

古埃及也是早期人类文明的发源地之一，古埃及人最初将纸卷成卷轴使用，后来为了方便，就剪裁为一张张的以便制成抄本，这样，书本就出现了。有一些学者对古代写在莎草纸上的手稿进行研究。他们非常好奇，古埃及人在那样一个时代里，他们在莎草纸上主要都写一些什么内容呢？经过大量的整理和考证，他们发现莎草纸上记录了很多关于爱情的描述，原来，爱情一直是人类一个永恒的话题。一些学者根据自己的研究发表了相关文章，比如《草纸陶片中的古老爱情》就是这些文章中的代表。

早期文字传播的典型代表作中不得不提的还有《死海古卷》。《死海古卷》主要指 1947—1956 年，在死海西北基伯昆兰旷野的山洞发现的古代文献，文献大约是公元前 2 世纪到前 1 世纪期间（也就是中国西汉时期）写成的，该发现被称为 20 世纪最伟大的考古发现。1947 年夏，一个阿拉伯牧人因寻找走失的羊只而到了死海西北角岸边，他登上现称为库兰遗址的陡崖，无意间进入一个洞穴，发现许多内藏羊皮卷和纸莎草卷文献的陶坛。这些羊皮卷后被证实是一些用希伯来文书写的早期犹太教、基督教的经文。这些在死海附近山洞中发现的两千年前的文献统称为《死海古卷》，它是研究犹太教、伊斯兰教、基督教发展史的文献资料。

自从文字传播出现以后，这种传播活动也被经常性地使用于战争中，比如我国古代战争中用到的露布（一种布告，早期专用于传播战争捷报）、牌报、旗报（露布的一种转化形式，将战果和作战情况写在布旗上）、悬书（出现于战国）、揭帖（用毛笔写在纸上，贴在墙上）等，这些都是古代流传的传播媒介。

文字出现后，承载文字的介质也出现了一些变化，最早的文字大多刻在龟甲上，也就是我们今天所说的甲骨文。甲骨文是我国的一种古老文字，它是我们现在能够见到的最早的成熟汉字，主要指我国商朝晚期王室用于占卜记事而在龟甲或兽骨上刻写的文字，是我国及东亚已知的最早的成体系的商代文字的一种载体。除了刻在龟甲上的文字以外，还有一些文字是刻在青铜器上的。随着文字传播的发展，人们慢慢发现这些载体使用起来特别笨重，而且不容易携带，后来，文字又被写在丝绸和绢帛上，可是丝绸和绢帛在当时是很昂贵的，不适合做承载的介质，到了汉代以后，随着经济文化的迅速发展，甲骨、竹简和丝绸已经不能满足人们的信息传递需求，从而促使了书写工具的改进——公元 105 年，蔡侯纸出现了。

### 三、印刷传播

马克思在《机器自然力和科学的应用》中曾说过这样一段话：火药、指南针、印刷术——这是预告资产阶级社会到来的三大文明。火药把骑士阶层炸得粉碎，指南针打开了世界市场并建立了殖民地，而印刷术则变成了新教的工具。总的来说，变成了科学复兴的手段，变成了对精神发展创造必要前提的最强大的杠杆。从马克思这段话中也能看出，中国人对世界文明所做出的巨大贡献。提到印刷术，我们要追溯到北宋时期毕昇的胶泥活字印刷。毕昇发明的胶泥活字印刷可以随时拼版，加快了制版时间。活字版印完后，可以拆板，活字可重复使用。

在谈及印刷传播时，还有一位人物是不得不提及的，他就是德国工匠古登堡(Johnnes Gutenberg)，他是一位德国发明家，是西方活字印刷术的发明人。其实，每一项完全成功的发明都不是出自一个人的智慧，印刷当然也是如此。在古登堡以前，西方人就懂得刻板印刷术，刻板印刷可使一本书印成许多册。但是这种方法有一项很大的缺陷，就是印刷每一种新书都需要一套崭新的木刻，因而出版种类繁多的书是不切合实际的。1450年左右，古登堡用铅合金制成活字版，用油墨印刷，为现代金属活字印刷术奠定了基础。他的发明导致了一次媒体革命，迅速地推动了西方科学和社会的发展。

古登堡的革新主要表现在以下几个方面：

其一，改进了铸字材料。在古登堡以前，中国在12—13世纪以铜合金、锡合金铸活字。古登堡则以铅—锡—锑三元合金铸字，其优点是比铜便宜，熔点低，易铸，因为加入锡使硬度变得更高。

其二，改进了印刷油墨。中国古代木版印刷用松烟炭黑加胶制成着色剂，欧洲木版印刷也是如此。宋以后对松烟炭黑加以改进，制成适于铜版、铜活字的墨。古登堡则将亚麻仁油煮沸，加蒸馏松树脂的松节油精等物，制成适于铅活字的油墨，这是其他地方不曾用过的。

其三，改进了压印方法。中国活字印刷和欧洲木版印刷都将纸覆在上墨的印版上，以棕刷或皮垫擦拭，只印单面。用这种方法印薄纸容易，而印厚纸则需加大擦拭力度。古登堡将欧洲压葡萄和油料的螺旋压榨器加以改造，研制出螺旋压印器，可用于厚纸、羊皮纸的双面印刷，这也是一项前所未有的发明。

由此我们可以得出这样的结论：源出中国的活字技术原理和基本技术工序给了古登堡以极大的启发，促使他以自己的方式变换了活字用材、着色剂成分及压印方法，引入了新的工具设备，从而革新了传统工艺，使之更适用于通用拼音文字的拉丁文化区和基督教世界。

此后，活字印刷术经过德国而快速传到其他十多个国家，促使文艺复兴运动的到来。16 世纪，活字印刷术传到非洲、美洲及俄国的莫斯科，19 世纪传入澳洲。

印刷传播的发展，标志着人类文明又向前大大迈进了一步，随着生产技术的进一步提高，文字信息的机械化生产成本逐渐降低，大量复制成为可能，人类开始有了对信息进行批量生产的观念，极大地推进了人类文明的发展和社会的进步。

## 四、电子传播

关于媒介技术和手段在社会发展史上的地位和作用，许多学者从不同的角度进行过考查，在这个领域，不得不提的一个人物就是加拿大传播学者马歇尔·麦克卢汉。麦克卢汉生前先后出版了《机器新娘》(1951 年)、《古登堡群英》(1962 年)、《理解媒介：论人的延伸》(1964 年)、《媒介即信息》(1969 年)以及《地球村的战争与和平》(1969 年)等著作，在这些著作中，他提出了著名的"媒介即信息""媒介即人的延伸""热媒介""冷媒介"以及"地球村"的观点，这些观点构成了麦克卢汉媒介学说的主要观点。

麦克卢汉的媒介概念是广义的，它不仅指语言、文字、印刷物、电信和广播电视，还包括各种交通运输工具，甚至服装、住宅、货币等，任何能够延伸人体功能的事物，都在他的媒介范畴之内。麦克卢汉认为，媒介是社会发展的基本动力，每一种新的媒介的产生，都开创了人类感知和认识世界的方式，传播中的变革改变了人类的感知，也改变了人与人之间的关系，并创造出新的社会类型。因此，媒介又是区分不同社会形态的标志。在麦克卢汉看来，人类由"部落社会"到"脱部落社会"再到地球村，无不归功于媒介及其技术的发展。①例如，在原始社会，口语是主要的传播媒介，由于听力的限制，人们必须生活在狭小的部落群体之中，相互保持近距离的密切联系。文字和印刷媒介产生以后，人类由"耳朵的社会"转向了"眼睛的社会"，由于交往和传播不再以物理空间的接近性为前提，人类可以分散到广阔的地域，人与人的关系变得疏远了，部落社会也发生了解体。电子媒介尤其是电视的普及再次改变了这种状

---

① 郭庆光. 传播学教程[M]. 北京：中国人民大学出版社，2011：119.

况，它们以接近于实时的传播速度和强烈的现场感把遥远的世界拉得很近，人与人之间的感觉距离大大缩小了，于是人类在更大的范围内重新部落化了，整个世界变成了一个新的地球村。

麦克卢汉在 1969 年出版的《地球村的战争与和平》一书中首次提出了"地球村"的概念，但在他提出这一概念的当时，很少有人能够准确理解和描述这个词所代表的世界，直到 20 世纪 80 年代随着全球化进程的启动，人们才惊奇地发现这个概念所代表的世界发展大趋势。今天，我们已经适应了这种发展环境，人与人、人与环境、人与技术的关系变得更加密切，正如麦克卢汉在《理解媒介：论人的延伸》第一版序言中所写的那样：

"在经历了三千年职业分工的爆炸式增长，以及由于四肢的技术延伸而日益专业化和异化之后，我们的世界由于剧烈的反向变化而缩小了。因为电使地球缩小，我们的地球只是一个小村庄。"

技术的演进和变化是地球村形成的重要条件，技术极大地影响了人类社会的生产环境，我们的生活方式已经发生了很大的变化，也因此，我们常常感叹——"这个世界真小。"

关于人类传播活动的演进，传播学者施拉姆有这样一个"最后 7 分钟"的比喻："这一天的前 23 个小时，在人类传播史上几乎全部是空白，一切重大的发展都集中在这一天的最后 7 分钟。"也正是这最后 7 分钟谱写了人类历史的黄金时期，而午夜前的最后 3 秒却翻开了人类迈进信息化社会的新篇章。

### 施拉姆的"最后 7 分钟"比喻

如果人类的历史有 100 万年，假设这等于一天。

1 天 = 100 万年

1 小时 = 41666.67 年

1 秒钟 = 11.57 年

那么这一天中，人类文明的进展如下：

晚上 9 点 33 分，出现了原始语言（10 万年前）

晚上 11 点，出现了正式语言（4 万年前）

晚上 11 点 53 分，出现了文字（3500 年前）

午夜前 46 秒，古登堡发明了近代印刷术（1450 年）

午夜前 5 秒，电视首次公开展出（1926 年）

午夜前 3 秒，电子计算机、晶体管、人造卫星问世(分别为 1946 年、1947 年、1957 年)

关于人类传播的发展进程，托夫勒的观点与施拉姆大致相同，他同样有一个"第 800 代人"的比喻。

### 托夫勒的"第 800 代人"比喻

如果从人类最近的祖先智人开始算，人类的历史只有 5 万年。

如果 62 年为一代人，那么人类迄今共有 800 代人。

前面的整整 650 代人都生活在山洞中。

直到第 730 代人才开始使用文字。

直到第 794 代人才掌握了印刷术。

直到第 798 代人才发明了电动机。

如今人类使用的绝大多数物品，都是第 800 代人创造的。

施拉姆和托夫勒的比喻主要从传播活动的角度来说明人类社会的发展，但仔细想一想，人类自身以及各个科学技术领域的发展，莫不是如此。

## 第二节　新闻采访活动的孕育与发展

### 一、新闻采访活动的兴起与发展

"采访"一词源于何处，目前尚无确凿的考证，作为人类传播活动的中介和桥梁，采访活动早已有之。我们常说，新闻传播活动是伴随着人类社会的产生而出现的，早期人类的传播活动只是为了自身的生存而进行简单的、本能的交流，那个时候既没有语言，也没有文字，他们结成一定的生产关系进行生产劳动，彼此之间保持着相互依存的关系，采访活动的雏形正是在人类早期的传播活动中孕育而生的。

根据中国新闻史的描述，早在 270 万年以前，我国云南一带就已有远古的人类——元谋人。原始人类为了自身的生存，需要了解外界环境，适应外界环境，他们会经常观看天色，或者观看河水的变化，了解自己居住周围环境的变化；或者探寻动物迁移的足迹，掌握猎物的踪迹，判断是否可以通过同伴的共同努力来获取猎物，保障生存。从这一系列的探寻活动来看，其已经包含了我们今天所说的"采访"的意思了。但是这种"采访"还只是最初、最原始的活动，当时也没有出现信息传递的实物媒介。

随着人类社会的发展，语言文字等信息传递媒介的出现，极大地扩展了人际交流的范围，"采访"一词也更加接近今天的意思了。相关史料记载，早在3000多年前的商周时期，周天子会定期派人到民间去搜集歌谣，搜集当地百姓的风土人情和风俗习惯等资料，以供天子施政决策。这里的"采诗""采风"等活动可以说是新闻采访活动早期的雏形。从春秋战国时期开始，各方政府还设置了专门收集和记录帝王言行及国内大事的史官，他们有的是奉命记录帝王的事迹，有的是把自己参加过的政治、军事等各种情况加以记录保存。司马迁的《史记》是我们耳熟能详的中国第一部纪传体通史，被公认为中国史书的典范。司马迁为著《史记》，亲自深入实地，多方打听、询问，获得了大量的第一手材料。《李将军列传》中有这样的记录："余睹李将军悛悛如鄙人，口不能道辞"等，这些关于采访的实地调查和今天记者的采访已经非常接近了。这些早期的史官以及他们所从事的活动可以说是早期的记者和采访活动了。

根据目前已有史料，我国是从唐代开始有了古代报纸的，我们常称其为"官报"，也是从这个时候开始，"采访"一词的使用范围开始扩大，而且和古代的新闻传播活动联系在一起。我国古代的报纸有邸钞、杂报、状报等，今天统称为邸报。邸报是官办的，也有一些是各地设在京城的邸吏们办的，邸报上的内容记载的大多是皇帝的言行、朝廷的政策命令、大臣们的奏章等，这些封建官吏们当然和今天的记者不能同日而语。但是在这一时期也出现过一些民办报纸，民办报纸和官报的版面形式几乎一致，但它们除了刊载官报上的内容以外，还有一些是官报上没有的新闻，这些民间报房甚至还派人在各级政府衙门打听消息，称为内探、省探和衙探。也基于此，他们当中的一些人便以专门探听新闻为自己的主业，和我们今天的专职记者身份一样，他们打探新闻的活动也就是我们今天所说的"跑新闻"。

## 二、我国新闻采访活动历史述略

我国新闻采访活动初露锋芒要比西方晚了近三百年的时间。我国近代资产阶级的报刊是从19世纪开始的，1815年，英国伦敦布道会传教士马礼逊和米怜，来到有大量华侨聚居的马六甲，开始创办《察世俗每月统记传》，这是外国人在中国本土以外的地方创办的最早的华文近代报刊，参加这一期采、编、发行的还有一个中国人梁发，他是中国近代报刊史上最早的记者之一。

鸦片战争以前，由于清政府的闭关锁国政策，外国人很少在中国本土办报，除了新闻史上提到的葡萄牙人巴波沙和阿美达在 1822 年于澳门创办的《蜜蜂华报》和英德传教士在广州创办的《东西洋考每月统记传》以外，我国本土几乎没有其他外国人创办的报纸了。鸦片战争以后，随着帝国主义势力在我国的渗透，他们纷纷取得了在中国办报的特权，致使这一时期出现了很多的教会报刊和外商报刊。据不完全统计，从 1850 到 1890 这 40 年时间内，仅耶稣教会办的报刊就有 70 多种。这些报刊在这一时期主要是为了配合帝国主义列强的军事侵略，推行文化侵略的政策。当然，我国资产阶级报刊的先河也是在这期间开始崭露头角的，从 1858 年伍廷芳创办《中外新报》开始，中国人自己创办的近代报刊如雨后春笋般成批出现，新闻采访活动也开始活跃起来。这一时期还出现了专司外出采访的"外勤记者"。据《中国近代报刊史》记载，《申报》在当时就已经在一些大中城市联络当地的通讯员为其打探消息。"它从 1872 年起，就注意'招延访事'，到 1875 年，已在北京、南京、苏州、杭州等 26 个省会和重要城市招聘有特约记者，及时报道当地的有关新闻。在一些重大的政治事件爆发的时候，还派出专职记者到现场采访。"

这一时期的报纸大多配合当时的政治活动展开，随着交通、电信事业的飞速发展，我国的新闻事业有了很大的发展，很多报刊也分别有了专业和业余的记者队伍。辛亥革命以后，随着国内政治环境的变化，新闻采访活动也越发引起人们的重视，记者的社会地位也有了很大的提高，出现了一大批如黄远生、邵飘萍、林白水、胡政之等名记者，他们在新闻采访方面的经验依然值得我们学习借鉴。

我国人民记者及其新闻采访活动的出现是随着我国无产阶级登上政治舞台、无产阶级新闻事业的诞生开始的，我国最早的人民记者就是第一批无产阶级报刊的创办者李大钊、毛泽东、周恩来等老一辈无产阶级革命家，他们在学生时期就开始了各自的办报活动。李大钊先后参加过《晨钟报》《新青年》《少年中国》《甲寅月刊》等的编辑工作，并撰写了大量的稿件。毛泽东青年时期在长沙创办《湘江评论》，在革命战争时期，以及中国共产党成立以后都亲自写过许多政论文章和新闻报道，而他本人也曾说过，自己生平最喜欢的两个职业，一个是教师，一个就是新闻记者。周恩来从南开学习期间开始，先后主编过

《敬业》《南开校风》等刊物，旅欧期间亲自写过《旅欧通讯》，回国后，又受党的委派，主办《热血日报》等刊物。美国记者斯诺的前夫人海伦·福斯特指出，从某种意义上说，发起中国革命的中坚力量也主要是从事新闻工作的人物——许许多多中国共产党人，年轻的时候都是新闻工作者，其中不仅包括毛泽东，还有周恩来和其他一些人士。

## 第三节　融媒体新闻信息采集的发展

### 一、融媒体新闻信息采集的新趋势

移动化、社交化和智能化是未来媒体发展的大趋势。彭兰在其论文《移动化、社交化、智能化：传统媒体转型的三大路径》中认为今天的"媒介融合"也将会在这三大发展方向上完成向新媒体转化的过程。融媒体新闻信息采集未来发展将按照这样的趋势进行。

（一）移动化

2022 年 8 月，中国互联网络信息中心（CNNIC）发布的第 50 次《中国互联网络发展状况统计报告》数据显示，截至 2022 年 6 月，我国手机网民已经达到 10.47 亿，占网民整体的 99.6%。[①] 移动互联网已经成为当下最主要的媒介形态。

以手机为代表的移动互联网不仅是信息传递的渠道，更是信息收集的终端，是智能媒体大数据收集的最主要来源。一方面，手机作为伴随性媒体与个人使用者保持着长期接触，使用者的信息通过手机传感器不断被记录并通过移动互联网实时上传回服务器。另一方面，现代的可穿戴设备大多通过手机这一终端，将收集的数据汇集上传数据库。移动互联网已成为融媒体信息采集最重要的渠道，随着移动互联网的深入发展，能够采集的数据进一步增多，必然促进融媒体新闻的进步。

（二）社交化

互动性是互联网的重要特征。Web2.0 以来，社交网络已经成为最重要的网络形态。当今社交化传播正变得越来越重要，无论是社会信息沟通，还是社

---

① 中国互联网网络信息中心. 第 50 次《中国互联网络发展状况统计报告》[EB/OL].（2022-09-14）[2023-10-20]. https://www.cnnic.net.cn/n4/2022/0914/c88-10226.html.

会判断，社交化传播正在扮演越来越重要的角色。社交化传播是"以人为本"的传播方式，每个个体都有可能成为信息源头的传播者，信息垄断的局面将被彻底打破。

融媒体新闻要求在信息采集过程中应充分考虑社交渠道。众多的新闻线索和信息首先在社交网络渠道被爆出，再经过网络的放大成为社会关注的热点话题。因此，随时关注网络社交热点，判断热点走向，通过社交网络采集信息是融媒体新闻信息的重要采集方式之一。

(三)智能化

第四次工业革命是智能化革命，智能化的本质是技术与产业结合的革命。在新闻领域，智能化不仅仅只体现在技术的植入，更体现在技术所带来的内容采集、加工、分发、审核等各环节全方位的变化上。

融媒体新闻与新闻产业智能化是密切联系的。在新闻信息收集方面，智能化为内容生产提供了无限量的网络环境，使得数据的抓取成为生产的先导和基础。在过去，传统媒体获取信息，只能通过亲眼观看、现场采访或他人提供线索，而在智能化背景下，获取信息可以通过实时的数据监测，量化新闻主题，利用大数据的时效性和精确性进行数据素材的收集，并客观地对数据进行深度挖掘与分析，使得新闻生产过程更高效、更便捷。

## 二、融媒体信息采集的方式

信息采集是新闻生产链条的上游环节，信息采集的数量和质量是优秀的高质量新闻产出的重要保障。传统新闻时代，信息采集主要依靠人力来完成。"新闻是跑出来的"是那个时代新闻记者的信条，哪里有信息，记者就到哪里，或者记者到哪里，哪里就有信息，信息采集单纯依靠记者个人能力导致采集信息质量不稳定，信息内容也不够全面。

融媒体智能媒体时代的到来，改变了信息采集的方式。信息采集出现从片面向全面，从宏观到微观细节的转变。新闻信息不仅仅是对事件发生的过程和事实的记录，还能反映当事人和群众的情绪、态度、观点和行为，这些都将成为数据，为智能化生产的深层应用提供源源不断的资源。各类可穿戴式设备的研发，配合手机终端连入互联网能够实时将用户的身体、行动轨迹等数据传输回数据库，使媒体能够实时分析用户的情绪和状态。随着大数据技术不断发展成熟，融媒体信息采集的信息量也越来越大，在未来，数据的采集能力和数据的分析能力将是融媒体内容生产的重心。

　　智能媒体时代信息的多样化、透明化，使信息已不再是稀缺资源，媒体之间的竞争已经从原本信息采集能力的竞争转变为信息分析能力的竞争，因此建立融媒体信息共享平台成为必须。目前很多省级融媒体中心都建立了云库——一种可作为内容采集、存储和共享的智能数据库，云库主要把省内各市县级融媒体中心所采集的内容拉通共享使用，打破了原本媒体间信息壁垒，达到内容共享、共赢的局面。在"共享"思维的引领下推进人员管理，实现人员精简，降低成本，同时也能提高效率，实现人尽其用。通过建立互联互通的媒体信息共享平台，真正使资源、数据、内容等实现共享，真正抱成团、连成片、结成网。

# 第三章  融合新闻的报道主体

新闻记者是实施新闻报道行为的主体，负责信息的采集、加工和发送。哪些信息将被传送给受众和以何种形式传送给受众，这是由新闻采访活动的主体即记者决定的。如果记者经验丰富，就能在采访之前，凭借掌握的写作能力和丰富的经验，清晰地知道如何采访才能有的放矢，如何才能有效地判别材料的真伪优劣和访问的深浅，如何少走弯路和避免不必要的失误。

狭义上，记者是新闻机构中以采写或者采制新闻为本职工作的专业人员，而广义上的记者，则包括从事新闻采访工作的狭义记者、摄影师或摄像师、新闻编辑、主持人等在内的所有职业新闻工作者。

传统媒体记者采集素材的要求通常较为单一，报纸记者采集图文素材，广播记者采集音频素材，电视记者采集视频素材，因此，记者技能要求也相对单一。然而，在媒体融合进程中，传统媒体向互联网转型成为大势所趋，这必然要求传统媒体新闻工作者也必须转型为新媒体工作者，以适应融合新闻生产的规律和要求。

## 第一节  职业记者的诞生

在数百年新闻事业的发展史上，最先出现的是报纸，随之，记者这一职业就诞生了。换句话说，记者是随着报纸的诞生而诞生的。

我国从商周之际就有了采风、采诗之说，以及与之相适应的最早的采访活动。在夏商周时期，有一种称为遒人的政府官员（类似文化部门指派到下面宣传政教的人员），他们摇动木铎，巡行于各地，铃铛摇起来当当作响，跟过去那些走街串巷的小贩摇拨浪鼓，作用本质上是一样的，就是为了引起众人的注意，提醒大家注意——我来了。他们既宣达政令——也就是传达政府的政策精神，同时，又进行必要的采风——主要是采集民歌、民谣、谚语等。这些都与新闻的发布和采集活动相近。

春秋战国时期以及之后，朝廷中出现了史官、史家、起居注官，唐代中叶出现的邸报、进奏院状报，诞生了专门从事采、编的人员。宋代的民办小报，雇用了专门探听消息的内探、省探、衙探，类似当代采访的"访探"。

以上这些采访活动虽然初步具备了职业记者采访活动早期的影子，但是与现代职业记者的采访活动还是有着本质的区别。

一般认为，世界上最早的记者是在欧洲的威尼斯诞生的。16世纪前夕，意大利由于得天独厚的地理位置，成为资本主义商品经济最早萌芽和最发达的地区。港口城市威尼斯一度出现各国巨商大贾、银行家以及达官贵人云集，商业发达景象，人流汇聚、物流汇聚、金钱流汇聚、信息流汇聚。他们在商业交易过程中，对商业信息有着极迫切的需求，需要了解涉及自身利益的世界各地的消息。于是便出现了专门以采集和出卖消息为生的人。他们分别搜集政治事件、物价行情、船舶起航等方面消息，并对重大事件进行记录。他们将采集来的信息或手抄形成单篇新闻，或刊刻公开出售。1566年，《威尼斯新闻》诞生，出现了专门以办报提供各种信息为职业的人，而且规模越来越大，尽管当时这个人群还未被称为"记者"，但他们的工作与记者无异，被认为是现代记者的雏形。①

真正纯粹意义上的记者职业的诞生得益于周刊，尤其是日报的产生。16—18世纪，报纸发展经历了手抄新闻和新闻书时期，迎来了周刊（周报）、日报的大发展，并且在相当长时间里占据了人类新闻传播的主流。1660年德国莱比锡出版了《莱比锡新闻》，起初是周刊，不久改为日刊，被普遍认为是世界上最早的日报。《现代日报》的前身是1702年在伦敦出版的《英国每日新闻》。周刊尤其是日报的产生，使采访、编辑、排版、印刷、发行的整个流程变得复杂而繁重，过去手工作坊式的新闻生产模式显然难以负荷，机构内部不仅需要大量工人，更需要分工协作，真正纯粹意义上的记者这一职业由此产生。②

中国近代新闻事业的发轫是西风东渐的结果。19世纪初，随着近代报刊的出现，中国记者开始萌芽，最初他们被称为"访员"。直到1899年3月2日，

---

①　张珂．报纸起源和记者诞生及其演进发展的历史轨迹[J]．陕西档案，2018（3）：24-26.

②　张珂．报纸起源和记者诞生及其演进发展的历史轨迹[J]．陕西档案，2018（3）：24-26.

在日本横滨出版的、由梁启超主办的《清议报》第 7 册上，才开始出现"记者"这一专用名词。随着中国近代报刊的发展以及一批优秀的新闻工作者的新闻实践，记者这一职业逐渐在社会上树立起自己的形象，成为一支重要的社会力量。

1872 年，英国商人安纳斯托·美查在上海创办中文商业报纸《申报》，从创办到 1949 年 5 月停刊，历时 77 年，是中国存在时间较长、影响巨大的中文外报。《申报》自创刊后即开始设立"访员"。《申报》曾有许多第一，诸如最早出版增刊和白话文报，最早设置战事通讯员，最早出版"号外"，最早使用电信传递新闻，最早出现"画报"等。然而《申报》真正引起国人关注的，是关于清朝四大冤案之一的"杨乃武与小白菜案"的报道。《申报》创刊的第二年秋冬之际，浙江余杭县发生杨乃武案，《申报》由最初误信误传、追求猎奇的轻率报道，到后来发现案件疑点，重新组织采访，连续三年进行追踪，共发表新闻、评论 60 余篇，堪称中国新闻报道司法案件之最，最终以新闻舆论之力促使这起冤案得以昭雪。这在很大程度上得益于专业的新闻报道行为——既有亲赴被告家中获取诉状原件、亲赴北京开棺验尸现场等实地采访报道，也有间接的衙门探访、街谈巷议的收集与分析；既有时效性较强的案件消息，也有力透纸背的评论；既体现了维护法制、伸张正义的"社会良知"，也有遵从新闻自身规律的"不偏不倚"；既利用了法制新闻的"悬念性""趣味性""人情味"等价值要素而采用当下常见的吸引受众眼球的新闻报道手段，也渗透了大量合理的法理精神。①《申报》报道"杨乃武与小白菜案"也成为中国新闻报道史上新闻舆论促使司法公正的一个成功范例。中国人民大学新闻学院教授方汉奇评论说，一张小小的报纸竟能产生如此好的社会效果，这渐渐使人们认识了报纸和记者的巨大社会作用。

从唐玄宗时期最早发行的《开元杂报》到后来黄远生、邵飘萍、瞿秋白、邹韬奋、范长江等一批优秀记者的崛起，记者这一职业得到社会的承认和尊重。记者不仅成为历史事件的见证者，更是社会变革的积极参与者，成为社会历史舞台上的一个重要角色。

人类传播的历史几乎等同于媒介发展的历史，追随人类文明的足迹，技术的进步是推动媒介发展变迁的重要动力，技术的每一次革新都会改写媒介生

---

① 张艳红，谢丹. 近代媒体舆论推促司法公正个案分析——以《申报》"杨乃武与小白菜案"报道为例[J]. 当代传播，2008(3)：72-74.

态，因此，从人类传播史来看，记者职业的发展也得益于技术革命的积极推动。当前以互联网为代表的新媒体是媒介技术革新的最新成果与应用，由此开创的融合生态使得传媒业发展整体呈现出全新业态，也使得记者的新闻生产流程与职业角色变得更加复杂和多元，能够全面掌握文字、图片、音频与视频采集与呈现技能的融合记者随之诞生。

## 第二节　融媒记者的角色

"角色"原指戏剧表演中演员所扮演的人物。美国社会学家米德较早将"角色"这一概念引入了社会心理学研究领域，社会角色理论也成为社会心理学理论的一个组成部分。社会角色是在社会系统中与一定社会位置相关联的符合社会要求的一套个人行为模式，也可以理解为个体在社会群体中被赋予的身份及该身份应发挥的功能。① 记者角色，即作为一种职业的记者在社会中的位置和职能，影响记者对新闻工作重要性的理解和评价。② 从记者的职业角色来看，记者是从事新闻信息传播的特定群体，其基本职能是采访、写作、编辑、传播、反馈。基于以上职能，记者有义务、有责任报道事实以满足受众的需要，协调并引导社会舆论以促进社会系统良性发展。随着媒体融合的深入发展，记者的工作环境、工作方式以及工作规范均发生了深刻变化，这些变化也对记者，特别是融媒记者的职业角色提出了全新的要求。

### 一、记者角色的四个层次

2017 年，哈尼奇和沃斯提出"记者角色过程模型"，尝试明晰记者角色这一概念边界，在过程模型中，哈尼奇和沃斯将记者角色分为四个层次：③

（一）记者的规范角色

规范角色即关于记者应该如何思考和行动的价值、态度和信念，承载社会

---

① 张珂. 报纸起源和记者诞生及其演进发展的历史轨迹[J]. 陕西档案，2018（3）：24-26.

② 熊慧，李海燕，钟玉鑫. 话语角色下的记者角色研究：概念模型与未来进路[J]. 新闻记者，2020（6）：61-70.

③ 熊慧，李海燕，钟玉鑫. 话语角色下的记者角色研究：概念模型与未来进路[J]. 新闻记者，2020（6）：61-70.

对记者的角色期望。作为新闻业话语制度的一部分，角色规范界定"什么是好记者"，从而为记者的日常工作提供"话语脚本"。有关记者规范角色的研究常以新闻伦理准则为分析对象，致力于描述和比较各国新闻业对记者角色的理想期待。

### (二)记者的认知角色

认知角色即记者想要承担的角色，为他们的新闻工作提供具体指导的个人愿景。认知角色是记者社会化的产物。从新闻学教育和培训，与前辈的交流，以及与信源、评论家、公众的互动中，记者了解社会对新闻业的期望，并将其中一些期望内化，完成社会化过程。

### (三)记者的实践角色

实践角色即记者在新闻工作中实际承担的角色。与依托记者自我报告的认知角色研究不同，实践角色研究更多聚焦现实的新闻生产过程，力图透过对日常新闻采编活动及其产品——新闻报道的分析，揭示记者的角色观念与实践的关系。记者在与其他社会行动者的互动以及新闻文本中表达他们对新闻业的理解，这赋予实践角色以话语底色。

### (四)记者的叙事角色

叙事角色即记者宣称他们在新闻工作中承担的角色。当面临内部或外部挑战时，记者会展开对实践角色的反思。伴随记者的新闻话语实践，叙事角色得以产生。整体而论，新闻话语实践总是围绕什么是新闻、谁来报道、如何报道以及新闻的社会功能和文化价值究竟如何等一系列议题展开，其根本目标在于创造、维系和争取新闻业在社会中的位置。叙事角色的来源主要有三：聚焦当下，应对行业内部挑战的新闻话语实践；聚焦当下，应对行业外部挑战的新闻话语实践；聚焦历史的怀旧话语与记忆实践。

哈尼奇和沃斯认为，以上四个层次的角色会经由五种机制联结在一起：记者将可行的规范角色内化，形成认知角色；在环境允许的前提下，记者将认知角色付诸行动，产生实践角色；记者展开对实践角色的反思，形成叙事角色；经由反复的话语实践，叙事角色得以常规化，促成规范角色的强化或修正；叙事角色与认知角色存在抵牾，记者尝试协商，在不同程度上调整认知框架以消除其间的差异。记者角色研究的重点就在于持续考察四类角色的形态及其转化机制(图3-1)。

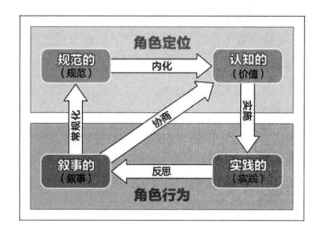

图 3-1 记者角色过程模型

## 二、中国新闻记者职业角色的历史演变

大众传媒催生记者这一职业的出现，也是记者赖以存在的载体。随着社会历史的变迁发展，传媒业被赋予不同的社会角色，记者也会相应表现出不同的角色特征。中国新闻记者的职业角色大致呈现以下演变轨迹：①

（一）为民立言的文人论政传统

现代报纸在 19 世纪引入中国，办报者多为西方传教士，参与其中的早期中国报人在当时并不被社会所重视。直到戊戌维新时期，康有为、梁启超等人创办新报，中国新兴报业开始具有浓厚的士人清议风格，报纸舆论开始对国政大局发挥影响，世人对报人的印象才为之改观。这一时期报刊、报人的主要角色是救亡图存，其三部曲是启蒙、革命和追求国家现代化。这些角色结合了中国士大夫传统及现代知识分子精神，形成一种鲜明的"文人论政"风格。

被林语堂誉为"中国记者之父"的王韬被视为文人论政的开端人物。1874年，王韬在香港创办《循环日报》，以"强中以攘外，辑远以师长"为办报宗旨，自任主笔评论时政。他认为文人论政是指"民间报人无可置疑地是民间自由意志的代言人"。另一位文人论政的代表人物是梁启超，他在《论报馆有益于国事》中指出"其有助耳目喉舌之用而起天下之废疾者，则报馆之谓也"，即办报

---

① 路俊卫．新形势下新闻记者的角色认知及职业理念建构[J]．湖北大学学报（哲学社会科学版），2014(7)：105-110．

的目的是开启民智，推动社会变革。20世纪初，一批知识分子进入报界，中国产生了第一批职业记者，这一时期记者被认为是离政治最近，最能改革社会的职业之一，西方"无冕之王"称号被引入并指称当时的记者，其中代表性的人物是黄远生、邵飘萍，他们都将记者的职业品性视为第一要素，包括人格、操守、侠义等，并以身践行。文人论政风潮在《大公报》时期达到顶峰，主笔张季鸾在1944年《新闻报三十年纪念祝词》中，对于报纸天职的阐述是绝对拥护国民公共之利益，随时为国民贡献正确实用之知识，以裨益国家，而报人对于国家社会负有积极的辅助匡导之责。

文人论政被普遍认为是近代报纸传入中国后产生的一种独特的新闻文化，可以说，近代中国内忧外患的现状，使得近代文人积极关注时务，他们以报纸作为载体、以笔墨为武器来指陈时事、针砭时弊，尽管在"文人"名下他们也会有着"士""知识分子""职业人士"等身份认同的些许差异，但共同之处是表现出强烈的责任感和崇高的社会理想。

（二）从"宣传者"到"传播者"的角色转变

新中国成立之初，中国新闻业被纳入意识形态的轨道，在"阶级斗争为纲"的指导下，党报的特殊规律被视为新闻事业的一般规律，列宁的名言"报纸是集体的宣传员、鼓动者和组织者"准确概括了党报传统对新闻工作者的职业定位。1948年，毛泽东在《对晋绥日报编辑人员的讲话》里指出，报纸的作用和力量，就在于它能够使党的纲领、路线、方针、政策、工作任务和工作方法，最迅速最广泛地同群众见面。在全党办报、群众办报方针的指导下，"党和人民的耳目喉舌""党和群众的桥梁和纽带""党的新闻工作者"这些提法都在强调作为宣传者的记者角色。在社会主义建设初期，具有强烈政治色彩的新闻宣传工作，在统一全党全民思想、促进社会建设方面起到了重要的鼓动宣传作用。然而，在"左"倾路线时代，宣传的单向信息流通被刻意强化，使得新闻工作忽视受众的意见和声音，在"文革"特殊年代，报纸甚至不刊登读者来信，"放卫星"式的假新闻一度泛滥。媒体和记者沦为单向"传声筒"，与群众路线渐行渐远。

20世纪80年代初期，中国的社会环境开始发生变化，新闻改革作为政治改革的一部分拉开序幕，让记者回归本位的思想开始闪现。在这一时期的新闻理论著述中，几乎都涉及对记者角色定位的论述：新闻记者是信息时代的骄子，是人类社会系统中由于他们及时传播真实信息而使社会充满活力的催化因素；记者姓公，要以公论立论，为公益发声；新闻记者是新闻信息的传播者，是为公众服务的社会工作者，在整个社会活动中，扮演公共利益的"守护神"，社会舆论的"导向人"的角色。从这些论述中可以看到，记者在信息社会中的传播角色受到重视，记者不再被视为单一"宣传者"，在报道新闻、传播信息的同时，其作为"时代记录者"和"舆论引导者"的职业角色得到一致认同。从新闻实践来看，这一时期《光明日报》关于真理标准大讨论、《工人日报》"渤海二号"特大事故报道、《中国青年报》关于大兴安岭火灾等报道也体现着这种角色观念的转变。

（三）职业角色的回归与对专业理念的诉求

进入 20 世纪 90 年代以后，传媒业最为深刻的变化就是市场化进程的加快，传媒"事业性质，企业化管理"的变革，即在保证党的新闻事业的前提下，要求以企业管理的方式来经营媒介。在此过程中，新闻记者的职业身份也开始发生变化，记者不再是国家体制内的"干部"，而是与传媒业有着雇佣关系的从业人员，记者被视为具有一定专业技能、行为规范和评价标准的职业角色。

与此同时，受西方"新闻专业主义"等观念的影响，记者的职业特征和角色认知也发生着变化。在传媒改革的历程中，以天下为己任的传统使命、党的宣传工作的要求、西方新闻专业理念和商业化的诱惑，构成中国新闻从业者内部错综复杂的内心冲动，其价值取向和对职业生涯的自我期许也大不相同。一方面，一批记者的职业意识开始觉醒，在实践中对新闻专业理念主动探索；另一方面，也正是这些复杂因素，使得新闻记者呈现多重身份的交织，新闻改革对记者角色产生影响，使得当下中国新闻界有四种记者职业角色并存：宣传者、参与者、盈利者和观察者。

### 三、融媒记者的角色转换

在融合新闻流程中，传统的记者角色发生变化，一名记者往往具备报纸、广播、电视、网站、公众号以及客户端等多种工作技能，可见，媒体融合直接造就了记者的多元身份和角色。

（一）全能型记者

全能型记者又被称为背包记者、超级记者，指的是在传统媒体与新媒体融合背景下，运用一体化的新闻采集、生产、加工、呈现平台，借助文字、图片、音频、视频等报道手段，为报纸、广播、电视、网站、电子阅读器等多种终端提供新闻服务的职业记者。[1]

背包记者在装备上有一个通用的做法，即将方便与互联网连接的笔记本电

---

[1]　任媛媛."超级记者"的现实困境与未来出路[J]. 青年记者，2013(3)：52-53.

脑、数码相机、数码摄像机、录音笔等新闻采录设备集中装在一个背包里，记者可以迅速带上这样的背包奔赴新闻现场采集多媒体信息。背包记者的工作任务主要是采集与发布包括融合新闻在内的多媒体新闻。背包记者的诞生既是多媒体新闻报道的需要，也是融合新闻报道的需要。① 因此，掌握全媒体采访报道技能的全能型记者成为融合新闻职业角色典型的代表。

天津今晚报社记者何欣的一段工作经历很好地反映了全能型记者紧张的工作节奏和对多媒体报道技能的运用：

> 上午 11 点，我开车赶到天津南站等候从南京运送 P 型血的高铁列车进站，当时月台上已经云集了来自天津、辽宁、江苏等地的各媒体记者几十人。
>
> 12:06，列车准时抵达天津南站，5 分钟后，我"抢"到了第一手的视频、图片资料，找到月台上一个相对安静的角落开始"现场办公"：视频剪辑加字幕、修图，根据视频内容和采访笔记整理出 500 字的消息，快速传回今晚网。一条题为《300 毫升罕见 P 型血顺利抵津》的视频新闻即刻发布。
>
> 顾不上吃午饭，我马不停蹄开车六十多公里从天津南站赶到了位于滨海新区的泰达国际心血管病医院。
>
> ……
>
> 第二天上午，今晚报相关后续报道版面上配发了该专题新闻的视频二维码。②

全能型记者的衡量标准主要在于多种媒体技能的运用与多终端产品的提供。在第十四届全国运动会期间，山西广播电视台融媒体中心前方报道组，还为全媒体记者配备了能够支持快速编辑、云端发片、单人移动直播等一系列功能的硬件设备和软件应用，支撑资深全运会老兵发挥出自己的"十八般武艺"，成为可单人完成策、采、摄、编、播全流程生产的"全媒特种兵"，第一时间通过传统媒体、微信、微博、抖音等平台，通过 5G 网络及 VR 等技术，与山西台频率、频道、新媒体同步播出赛事的采访内容，将精彩的赛事呈现给社会大众，实现本领更新、手段翻新、技术创新，鲜明体现出"主力军挺进主战

---

① 刘冰. 融合新闻报道中的职业主体配备[J]. 中国出版，2015(24)：41-44.

② 刘冰. 融合新闻[M]. 北京：清华大学出版社，2017：48-49.

场"的融合优势，释放出新媒体生产的巨大活力。①

全能型记者在记者主导型融合新闻报道中占据核心位置，发挥主导作用，可以减少沟通协调成本，提高传播效率；减少人力资源成本，提高运营效益。② 但是，融合新闻并不等同于全能记者的个体行为。单个的"背包记者"对于报道较小规模的新闻事件或处于较小市场的地方新闻媒体是比较合适的，如果是大型的媒介集团，或者是报道规模较大的、内容比较复杂的新闻事件，就需要以多人组成的跨媒体的"超级团队"来承担融合新闻的任务。③ 比如，2022年全国两会召开期间，媒体全面进入云时代。湖北广电融媒体新闻中心继续发挥区块链新闻编辑部的作用，采取"共采共制，众筹新闻"模式，与20余家媒体联合创作《"小虎队"的两会奇遇记》《追梦这十年》等多个融媒体产品。山东广播电视台闪电新闻发起"云上编辑部"，在云端与沿海、沿黄河主流媒体合作推出融媒体产品。区域内媒体间云端联动成为两会新闻制作新方式。④

在组织重塑方面，人民日报社的做法是，在不影响原部门和工作的前提下，在全报范围内根据个人兴趣、主动申报等方式自由组合内容主创团队，每个团队3~5人。在具体生产过程中，"中央厨房"提供推广、运营、技术等支持，融媒体工作室基本遵循自审——"中央厨房"采编联动平台审校——报、网、端三大总编室再次审核的模式，在具体工作考核上实行一室一策。⑤ 这里的融媒体工作室就是以团队运作的方式进行融合新闻的采制。实际上，融合新闻的采集和编制往往更需要团队的力量，团队当中的记者在不同领域各有所长、取长补短、通力合作，发挥1+1>2的优势，可以更好地完成融合新闻报道任务。

媒介技术的加速迭代、传统媒体与新媒体的深度融合要求记者不论是转型成为全能型记者还是参与超级团队，都必须全面发展自己，将全能型记者作为

---

① 祝凯. 5G网络技术与媒体记者功能的融合与重构[J]. 新闻采编，2022(4)：57-59.

② 刘冰. 融合新闻报道中的职业主体配备[J]. 中国出版，2015(24)：41-44.

③ 蔡雯. 从"超级记者"到"超级团队"——西方媒体"融合新闻"的实践和理论[J]. 中国记者，2007(1)：80-82.

④ 曾祥敏，董泽萱，况一凡. 对话、合作、业态化融合：2022全国两会融媒体产品创新研究[J]. 新闻与写作，2022(5)：94-106.

⑤ 程忠良. 人工智能时代"中央厨房"式媒介融合路径的追问[J]. 编辑之友，2019(5)：49-53.

自己的努力方向。

（二）专家型记者

社交媒体的出现和普及，打破了传统媒体对新闻报道权的垄断局面，不同于传统媒体和门户网站的集中式生产模式，社交媒体对用户的极大赋权形成了新型的分散主体协同下的一种"分布式"内容生产机制。它不是以拥有绝对话语权优势的传播机构为中心，而是以分散的、微小的个体为传播节点，以人际关系网络为传播渠道。① 用户既可以通过自媒体完成自我信息生产，以传播主体的身份贡献内容，又可以通过社交和互动完成自我信息的更正和对他人信息的校验，借助人际关系网络的嵌入，推动信息的裂变式传播和扩散。在这个"人人都有麦克风"的时代，记者的工作势必受到一定冲击。

此外，人工智能技术引入新闻生产后，重塑了新闻生产流程，机器人成为新闻稿件的（协同）撰写者，形成了机器辅助新闻生产和自动化新闻生产。机器人参与写稿是以事先设定好的算法和专业数据库作为支撑，由电脑自动抓取相关数据并生成新闻报道的一种新闻生产方式。在大数据时代，这种即时、高效的新闻生产方式已经获得了广泛应用。2014 年 3 月 18 日，美国加州某地早晨发生了 4.4 级地震，而《洛杉矶时报》是首家报告这次地震的媒体，之所以能拔得头筹，也是"电脑写手"的功劳。《洛杉矶时报》的记者开发了一套用于地震新闻报道的编写系统，当地震发生时，该系统收到了美国地质勘探局电脑系统发出的信息，在三分钟内就完成了新闻的编写并发表在网站上。除此之外，《洛杉矶时报》还开发了类似的程序，通过自动连接警方提供的数据来报道犯罪新闻。不过报道哪个犯罪案件还是要借助编辑的选择，是一种人机合作的模式。②

2015 年 9 月 10 日，腾讯财经发表《8 月 CPI 同比上涨 2%　创 12 个月新高》一文，该文是由腾讯财经开发的机器人写出来的。文末注明："本文来源：Dreamwriter，腾讯财经开发的自动化新闻写作机器人，根据算法在第一时间自动生成稿件，瞬时输出分析和研判，一分钟内将重要资讯和解读送达用户。"机器人写稿使新闻生产主体由单一转向多元，在一定程度上解放了记者，提高了工作效率。

目前，机器人写出的文章是基于网络已有的数据和材料抓取后加工处理

① 彭兰．社会化媒体：理论与实践解析［M］．北京：中国人民大学出版社，2015：24-25.

② 喻国明．新闻传播的大数据时代［M］．北京：中国人民大学出版社，2014：49.

的，从文章来看，数据罗列较强，分析能力较弱，只能替代新闻写作中相对标准化的消息、快讯等体裁，因此，其在体育赛事和财经信息稿件等数据较多的稿件处理上具有优势，对于需要发挥人类的创造力、思辨能力的文体，比如在调查性报道和深度报道方面，机器人尚不能胜任。

当前的人工智能技术在对新闻事件的观察采访、意义理解以及内容生成等方面还存在诸多不足。美国付费媒体 The Information 曾报道称，脸书上面的聊天机器人在完全自主的状态下只有 30% 的准确率，根本无法理解所有用户的意思，于是就造成了报道以聚合为重采访为轻、评论以雄辩为重事实为轻的局面。尽管一些人工智能系统宣称拥有学习算法或模仿人类情感的能力，但仍然无法逃避有限的机械化运算结果所造成的刻板和呆滞。就连美联社总编费拉拉也毫不避讳地说："通过机器人撰写的稿件，会因为内容的生硬和重复而影响稿件的质量。"这种情势下，新闻记者的工作将被倒逼进入一种"专家化"的新闻生产模式。① 对于专业记者而言，必须不断提升核心竞争力，提升更深层次新闻报道的能力，以应对人机协同写稿引发的新闻生产模式变革。

习近平总书记在中共中央政治局第十二次集体学习时强调，全媒体不断发展，出现了全程媒体、全息媒体、全员媒体、全效媒体，信息无处不在、无所不及、无人不用，导致舆论生态、媒体格局、传播方式发生深刻变化，新闻舆论工作面临新的挑战。在媒体融合发展的当下，新闻工作需要更多的专家型记者，同时也对专家型记者提出了更高的要求。

第一，专家型记者要成为信息的筛选者。媒体融合让任何人在任何时间、任何地点发布任何信息成为现实。然而，许多网民通过自媒体工具在网上四处传播的一些信息，包含了许多虚假的新闻信息，甚至有些人故意就一些虚假新闻借题发挥，严重误导人们的认识，这就需要专业记者辨析信息来源，核实信息真伪，并将虚假新闻信息剔除于传播的行列之外，以做好正确的舆论导向工作。②

同时，在融合新闻生产流程中，记者和用户融合成为新闻生产共同的主体力量，用户生成内容也成为融合新闻生产的一个重要机制。比如，澎湃新闻拥有大规模的专业新闻生产团队，他们是新闻生产的主力军。但是除了这些专业化新闻记者编辑，澎湃新闻还引入了用户这一新闻生产主体，设置了新闻追

① 冉世友.人工智能新闻生产背景下记者角色的嬗变[J].电视研究，2020(8)：70-72.

② 龙梅兰，李盛龙.新媒体时代记者的角色转换[J].青年记者，2017(5)：91-92.

问、评论功能。其中，新闻追问功能，也是 UGC 模式的体现。用户可以关注自己感兴趣的问题，对新闻事件的关键细节或背后的社会意义进行提问，会有其他用户回答。那些优质的回答内容将被展现在热门追问页面，实现了内容的用户生产。

目前，用户生成内容在融合新闻生产中扮演着至关重要的角色，但其质量参差不齐的固有缺陷，要求记者应高度重视对用户生成内容的筛选。BBC 十分注重用户生成内容方面的发展，强调新媒体中受众的高度参与性，并建立了一套非常有效且有影响力的 UGC 体系。2005 年 4 月，BBC 上线用户生成内容中心（UGC Hub），由 3 人组成的小型团队负责过滤和筛选公众提供的信息、照片和视频，并挖掘出能被新闻报道所使用的素材。BBC UGC Hub 在试运行期间，摸索了一套行之有效的收集用户内容和验证的方法，比如查看图片或视频中天气情况等，以确认照片或者视频上的天气与当天的实际情况是否吻合；使用地图验证地点信息，并结合当地已确认的图片进行对比与核对；追溯信息的最初信源以确定发布时间和地点等。由于在伦敦地铁爆炸案、邦斯菲尔德油库爆炸案等突发重大新闻中的卓越表现，BBC 于 2006 年正式上线运营该项目，24 小时运行，负责为 BBC 的各部门进行用户生成的信息进行采集、检查、查证和传播，成为 BBC 的重要信息来源。① 在社交媒体高度普及和 UGC 内容泛滥的今天，记者作为信息安全阀，需要在短时间内进行事实核查，提取有效新闻信息，快速做出新闻选择和判断，BBC 为选择和使用 UGC 内容建立的一套法则和规定值得借鉴。

第二，专家型记者要成为信息的解读者。在 Web2.0 时代，技术进步使人人都能成为记者，随时随地发布新闻。但这种"公民记者"往往具有业余性，更多是在媒体上曝光一些新闻信息，告诉大家发生了一件事，对于事情的前因后果往往无从谈起。所以，社会上一些热点事件背后的真相，只有专业记者发挥新闻跟踪、调查的专长，通过专业渠道才能深入挖掘。新闻记者的角色也就不可能被继续定义为对新闻事件的最先报道者，而必须转变为解读者和阐释者，从庞大的信息和数据中寻找意义、线索和故事，并以一种直观的、易于理解的方式呈现给公众。英国《卫报》为 2011 年夏季伦敦骚乱所进行的全媒体报道，以及其后与伦敦政治经济学院的学者合作推出的用数据解读骚乱事件的《解读骚乱》，就是一个数据时代记者职业定位转变的典范之作。他们分析了

---

① 张聪．超越边界：国际一流媒体的融合实践[M]．北京：知识产权出版社，2019：80-81．

260万条推特数据，运用可视化手段分析推特与谣言传播的关系，驳斥舆论界与政界的错误观念，揭示了骚乱与贫穷之间的关联性，一定程度上影响了英国政府管理社交网络的公共政策。《卫报》网站也因此获得了2012年度的数据新闻奖。①

# 第三节　融媒记者的素养

新闻记者的素质，是指记者在从事新闻采访、新闻制作和新闻传播的过程中，在政治思想、道德品质和知识技能等方面经过长期锻炼和培养所形成的素养和能力。媒体融合发展进程中，由于媒体组织结构和生产流程的变革，融媒记者素质的高低，决定着融合新闻报道质量的高低，加强融媒记者素质建设，是提高融合媒体报道质量的前提和关键。因此，融媒记者不但要具备传统记者所共有的素养与品格，而且还需要具备与融合新闻报道相适应的素养和品格。

## 一、理论素养

新闻记者的理论素养，是指能够正确地运用辩证唯物主义和历史唯物主义的观点和方法来观察和分析事物，深入实际，调查研究，做出真实的、正确的报道。② 理论对于党的新闻工作者来说是一盏指航灯。新闻记者是党和政府沟通的桥梁和纽带，宣传贯彻落实党的政策是职责所在。因此，记者要想具有新闻敏感性，宣传好党的政策，捕捉到有影响力的素材，写出好新闻，就要用较深的理论武装自己的头脑，这样才能在繁纷复杂的事件报道中明辨是非，站稳自己的立场，把握正确的舆论导向、弘扬正气。③ 历史和事实证明，记者的理论素养对于提升新闻敏锐度、准确把握新闻价值、透过现象看本质都有着重要的作用。

在2010年深圳经济特区建立30周年之际，深圳曾发起"深圳十大观念"评选活动。从100多条观念中，市民通过海选的方式评选出了影响深圳30年的"十大观念"，排名第一的是"时间就是金钱，效率就是生命"。这条口号也

---

① 赵江峰. 可视化"数据新闻"：记者角色的新转换[J]. 新闻知识，2013(10)：8-10.

② 张利利. 全媒体记者应具备的职业素养[J]. 记者摇篮，2022(1)：22-23.

③ 孙立安. 记者必须具备理论素养[J]. 新闻论坛，2010(2)：23.

是中国实行改革开放以来最为响亮的口号，被誉为"冲破思想禁锢的第一声春雷"。①

20世纪80年代初，深圳蛇口工业区创始人袁庚率先提出了"时间就是金钱，效率就是生命"的口号，他还让人做了一块很大的标语板，立在工业区管委会的大门口。这句标语一开始引起了广泛的争议，标语中的两个词比较敏感，一是"金钱"，二是"效率"。在当时金钱一向被认为是资本主义的追求，社会主义鼓励的是大公无私。效率的提法也不寻常，因为在计划经济体制下，平均主义和"大锅饭"是常态，突然有人提出"效率"，而且把它当成"生命"，很多人不习惯。在改革开放之初，虽然"时间就是金钱，效率就是生命"只有12个字，却事关"姓社姓资"的路线之争。② 当时，年近花甲的《人民日报》记者林里力排众议，率先报道了这一口号。一些中青年记者在感叹他的过人之处的同时，问他为什么敢于这样做？林里说：如果我们懂一点马克思主义的经济理论，那就会感到这个口号没有错。在商品经济的条件下，商品的价值是凝结在商品中的人类劳动，商品的价值量是由生产商品时所消耗的社会必要劳动时间决定的。也就是说，在同类商品中，个别劳动时间如果低于社会必要劳动时间，个别生产者就可以比社会一般生产者多得到金钱。所以，马克思把一切节约归结为时间的节约，一切浪费归结为时间的浪费。所以，"时间就是金钱"。至于"效率就是生命"也正是马克思主义经济学中关于劳动生产率和商品的使用价值量成正比，与商品的价值量成反比这一基本原理的体现。③ 可见，如果记者能够运用马克思主义的理论和方法思考和分析现实，那么看问题就能更全面深入。

在媒体融合时代，人人都有麦克风，面对冗余信息和不良信息，记者更需要强化把关意识，提高把关能力，以正确引导舆论为己任，这都需要具备较高的马克思主义理论素养。

刚从事新闻工作的时候，年轻记者容易陷入这一对矛盾当中，一方面埋怨自己看问题不全面，考虑问题不周到，分析问题不透彻，讲话无哲理，文章无深度；另一方面自己又不关心理论，不喜欢学习理论。其实，理论功底深厚，

①　许永军，刘伟. 蛇口，梦开始的地方——致敬改革开放40年[M]. 北京：人民日报出版社，2018：17.

②　杨阳腾. 蛇口春雷："时间就是金钱，效率就是生命"[J]. 党员文摘，2018(9)：33-35.

③　王武录. 外部条件和自身因素[J]. 新闻与写作，1993(2)：11-14.

新闻才能写得有深度。因此，新闻记者应全面掌握马克思主义、毛泽东思想、邓小平理论、"三个代表"重要思想、科学发展观、习近平新时代中国特色社会主义思想，同时，对中央、省、市出台的重大方针政策，要及时学习、消化、吸收，对一些重要的观点要铭记于心。这样，面对采访中遇到的一些新情况、新问题，就有了分析判断的依据，不至于出现偏差。在写稿时，也不会出现写错词、用错词、乱用词的现象。①

自 2014 年以来，政策层面的设计为我国媒体融合理清了阶段性建设目标和总体要求，明确了建设新型主流媒体的任务。进入新发展阶段，《关于加快推进媒体深度融合发展的意见》和"十四五"规划建议又为媒体融合的攻坚冲刺设计了蓝图与方向，明确了媒体深度融合以及建设全媒体的时代命题。与西方的资本管媒体相比，我国的党管媒体体制与其存在结构化差异。这种通过优化顶层设计的融合思路可以最大限度实现融合实践中政治逻辑和市场逻辑的协同效应，提升融合实效。只有深刻认识了这些政策，才能在融合新闻的具体生产和报道过程中做到有的放矢。

## 二、政治素养

新闻记者的政治素养，是指自觉地同党中央在思想上、政治上保持一致，熟悉党的方针政策，牢牢把握党性原则和正确的政治方向。

党性原则是中国共产党新闻思想的基石，在党的历史上，新闻事业发展面临的每一个关键时刻和重要的转折点，党性原则都发挥了决定性的作用。中国共产党把马克思主义新闻观基本原理和中国新闻事业具体实际相结合，在实践中不断地推动马克思主义新闻观中国化，逐步形成和确立了中国共产党的新闻思想。历史和现实的实践证明，党性原则是中国共产党新闻思想中最基本、最重要、最核心的原则。② 在新的历史时期，坚定的政治立场和理性追求依然是新闻采访报道工作的可靠保障和基础条件，对于融媒体新闻记者而言，应该做好以下几点工作：③

第一，要坚持正确的舆论导向，始终与党中央保持高度一致，旗帜鲜明地宣传党的路线、方针和政策，宣传中央重大工作部署，进一步提高新闻记者队

---

① 张利利. 全媒体记者应具备的职业素养[J]. 记者摇篮，2022(1)：22-23.
② 雷跃捷. 党性原则是中国共产党新闻思想的基石[J]. 新闻春秋，2021(4)：33-34.
③ 杨凯. 浅论新时代融媒体新闻记者急需提升的职业素养[J]. 新闻研究导刊，2019(3)：109-110.

伍的政治水平和思想觉悟。

第二，通过新闻报道努力使党的理论、路线、方针和政策快速精准传达给广大党员干部和群众，使大家的思想进一步凝聚起来，积极性和创造性充分调动起来，全身心地投入全面建设小康社会的伟大进程中。

第三，凝聚中国力量，创作一批脍炙人口、深入人心的优秀作品，热情讴歌全国各族人民追梦、圆梦的顽强奋斗精神，同时正确反映人民群众的迫切愿望、呼声和要求。

第四，做媒体把关人，既要增强信息甄别能力，在变化多端的舆论中去伪存真、去粗取精，又要勇于揭露社会丑恶现象，弘扬社会正能量，成为一个思想坚定、政治合格的融媒体新闻记者。

以第三十一届中国新闻奖媒体融合类的获奖作品为例，新闻选题大都来自乡村振兴、脱贫致富、讲好中国故事、疫情防控等重大社会议题，回应时代主题，回应社会关切。比如《听·见小康》H5作品坚持贯彻习近平总书记对全面建成小康社会的重要指示精神，运用了丰富的视听语言，调动了人们的多重感官体验，实现了多重资源的有效整合，以小见大，在一点一滴的小康故事中寻找各地小康成果，记录了人民群众最真实的小康生活现状。《老外看小康中国》，不仅是一部讲述全面建成小康社会成果的作品，更是对"讲好中国故事"这一时代命题的重要实践。《老外看小康中国》通过不同的故事讲述了人民群众在小康生活下的变化，以动画的表现形式和趣味性的旁白，让外国观众能够更好地理解什么是小康，以及小康对于中国和中国人民的影响，不仅增大了中国故事对外传播的音量，也为其他发展中国家提供了中国启示与中国经验。①《听·见小康》《老外看小康中国》等融合新闻作品紧扣时代主题，反映社会关切，创新新闻形态，不仅体现了媒体应具备的党性原则，也凸显了媒体作为党和人民"耳目喉舌"功能，实现了较大的新闻价值，取得了良好的传播效果。

总之，融媒记者提升政治素养的关键，是正确处理新闻客观性与政治性的关系、新闻媒介同政府的关系及维护人民利益同贯彻党的路线、方针、政策的关系，始终自觉地同党中央保持高度一致，增强政治意识、大局意识和责任意识，及时准确、形式多样地传递党的主张。同时，深入一线，深入群众，深入基层，精准聚焦社会热点、难点、焦点问题，采访制作出广大群众喜闻乐见的融媒体产品。

---

① 李嘉烨. 全媒体时代下融合新闻选题价值再思考——以第三十一届中国新闻奖媒体融合类获奖作品为例[J]. 今传媒，2022(6)：38-40.

## 三、道德素养

道德是一种无形的精神力量，也是事业成功的保障。恩格斯曾说，每个阶段，甚至每一个行业，都各有各的道德。从事一定职业的人们在其特定的工作或劳动中应当遵循职业道德规范和职业行为准则。新闻记者担负着传播信息、净化社会、引导国民等重要职责，充当着党群联系的桥梁，发挥着舆论监督的功能，对于新闻记者而言，良好的道德认知和品德修养具有非常重要的作用。

一名优秀的记者，要有远大的抱负、强烈的事业心和责任感。著名记者范长江曾说，抱负，也就是理想，为了解决某一方面的问题而不避艰险地工作。新闻记者应该肩负时代重任，把握时代脉搏，深入采访，实事求是地进行报道，同时坚守廉洁奉公的职业操守。美国报纸主编协会1923年通过的《报业规则》规定：若报纸利用读者的爱戴，实施自私自利的企图，谋求不正当的目的，实在有负于这种崇高的信任。中国的新闻记者作为党和人民的耳目喉舌，应坚持为人民服务的职业品质，不能利用职权在政治和生活上搞不正之风。融媒体时代，信息纷繁交织，传播途径丰富多样，记者在采访、写作、编辑、制作等环节中要坚持职业准则，抵抗住诱惑，保障新闻内容的真实可靠。

当前，社交媒体对社会公众的极大赋权让人人都可以参与到新闻传播甚至新闻生产当中，形成了网络舆论众声喧哗的格局。全媒体不断发展，出现了全程媒体、全息媒体、全员媒体、全效媒体。全新的信息环境和媒体生态使得新闻舆论工作面临新的挑战，这决定了新闻记者需要进一步强化自身责任意识，充分发挥出自身在舆论引导中的重要作用，从而为新闻的发展以及新闻传播环境的优化奠定良好基础。

同时，新的媒介技术不断刷新着新闻时效性的内涵，"快"和"抢"成为融媒记者的日常，但不论新闻采制方式和传播方式如何现代化与多样化，注重新闻真实性都是记者应当坚守的最基本的道德素养。在对新闻真实性做出认知的过程中，新闻记者不仅需要对自身所掌握的客观事实进行真实的呈现，而且需要确保新闻源的真实性，并在强化自律的基础上避免因急功近利而没有对新闻的真实性进行求证。[①]

另外，媒体融合的不断发展也加速了新闻媒体之间的竞争。从传统媒体融

---

① 王鸣阳. 全媒体时代新闻记者职业素养探析[J]. 采写编，2021(3)：61-62.

合的最初动因来看，最根本的问题是用户流失及其所带来的广告流失、经济效益下降等问题，渠道失灵、内容问题只是外在表象问题，在新的媒介生态中，所谓流量思维、粉丝思维、互联网思维，最根本的都是用户问题。① 在此背景下，部分媒体以及新闻记者有可能为了追求市场占有率和经济效应而过度迎合用户，在融合新闻的采制编发过程中出现低俗化和娱乐化的倾向。

媒体融合要求新闻记者不断开拓创新，但创新工作的开展需要以守正为前提，提升新闻记者职业道德素养需要做好以下几个方面的工作：

首先，新闻记者需要意识到融媒体时代对自身职业道德素养发展所提出的要求，避免在工作实践中产生职业道德失范问题。新闻记者需要强化自身自律，以三省吾身的态度，对自身职业道德素养发展进行审视，从而不断完善自身职业道德。

其次，新闻媒体需要重视推动新闻记者职业道德素养培养工作的常态化发展，能够根据融媒体时代对新闻记者职业道德素养提出的要求，对新闻记者职业道德素养培养体系进行动态化调整。

最后，新闻行业需要强化新闻记者职业道德监督工作。在引导新闻记者强化认知以及强化自律的基础上，新闻行业还应当依托完善的监督管理体系规范新闻记者的思想与行为。新闻行业监管单位可以与新闻记者签订监管协议，明确双方在监管过程中的权责，与此同时，监管单位需要做好新闻记者职业道德素养调查与考核工作，并根据调查与考核结果开展奖惩、发布新闻行业职业道德报告，从而为新闻记者职业道德素养的持续提升创造良好的外部环境。②

## 四、业务素养

过硬的业务素养是新闻记者素养的核心内容，是保证采访、写作各环节质量的根本保证。媒体融合时代，传统术业专攻型记者开始向全能型记者转型，对新闻记者的业务素养提出了更高的要求。融媒记者的业务素养主要体现在以下几个方面：

（一）专业理论素养

媒体融合给当前的新闻行业带来了全新的发展机会，也对新闻记者的业务

---

① 程忠良．人工智能时代"中央厨房"式媒介融合路径的追问［J］．编辑之友，2019（5）：49-53.

② 王鸣阳．全媒体时代新闻记者职业素养探析［J］．采写编，2021（3）：61-62.

能力提出了挑战。但不论媒介环境如何变化，从融合新闻实践的角度来说，当今的新闻记者都明白单一的专业技能已经无法满足新闻工作要求，开始通过转型全能型记者以适应多元化传媒格局。但是，在开展具体的新闻工作之前，记者除了要具备扎实的新闻传播理论素养和专业知识以外，还有必要加强对融合理论的研究和思考。

比如，从媒体融合的概念演进看，自提出至今，其内涵与外延就始终处在不断的演变与更新中。与尼古拉斯·尼葛洛庞帝的三圆交叠说和伊契尔·索勒·普尔的传播形态融合论相比，目前已经上升为国家意志的"媒体融合"，在发展程度、辐射范围以及深度广度等方面也远远超出了那些最初提出者的设想。从媒体融合的实践历程看，其起始于新媒体对传统媒体形成的巨大挑战和冲击，通过增量投入在新媒体端做渠道延伸，形成融合 1.0 阶段的内容移植和报(台)网互动的转型；随后，移动互联网的浪潮将媒体融合的主阵地迁移到移动端，通过布局"两微一端"、建设"中央厨房"开启了融合 2.0 的进程；目前，媒体融合完成了向 3.0 的升级与跃进，产业融合、区域融合以及生态融合成为媒体深度融合的总体特征和发展趋向。新闻记者通过对这些问题的研究与思考，就会发现，媒体融合的发展进程总是与其时代背景具有历史性耦合关系。作为传媒产业链上的基本纽带，记者的新闻实践要符合时代发展潮流，不断与时俱进，创新融合新闻生产，不断调整自己的新闻工作步调，与整个媒介数字化技术的发展程度以及传媒产业的发展进程相适应。

(二)技术素养

1. 掌握多媒体技能

传统媒体时代，新闻内容的呈现形式只有文字、图片、声音、视频这几种。而融媒体时代，融合新闻内容的呈现形式有了量的增加和质的飞跃，出现了动图、短视频、H5、数据新闻、新闻游戏等多样化的信息呈现形式，新闻变得更加可视化和生动化。可见，融合新闻报道成败的关键在于新闻记者的多媒体技能。因此，媒体融合必然要求记者熟练掌握一系列数字化的采编、摄录、存储、传输等多媒体技能。当前，云计算、人工智能、大数据等一批新技术层出不穷，为记者的采访提供了有力的技术支撑。在科技手段的支撑下，记者的采访工具更加多样，呈现方式也更加丰富。比如，现在全国两会报道的记者们既要能敲键盘、拿笔记，还要会摄影、摄像、抓拍、自拍等。2021 年全国两会期间，新华社记者就以"全能手"要求自己，文字记者不再是采访而已，而是一边用相机捕捉现场，一边利用镜头去解读其中的特殊性。不仅如此，在黑科技的助力下，记者和代表委员们还可以进行"云握手"，开展远程视频采访。实践表明，云采访等新型采访形式增强了采访的针对性、有效性。[1] 在技术的驱动和支撑下，采访的技术含量越来越高，对记者的技术要求自然也越来越高。

2. 掌握跨媒体新闻制作技能

在媒体融合背景下，记者需要为不同的媒体平台和终端提供新闻作品，由于平台属性和用户新闻消费习惯的差异，因此需要进行有针对性的新闻策划和制作。具体来说，就是"一次采集、多种生成、多元传播"的"中央厨房"供稿模式。"中央厨房"的目的不是让新闻成为流水线的产品，所有媒体终端都输出一样的产品，而是保证一次采集后，多元化生产与加工，多渠道发布，能够充分发挥不同媒介的新闻专业特色，实现个性化新闻生产。各个媒介终端也可以向"中央厨房"下订单，满足各自的新闻产品个性化需求。"中央厨房"利用技术手段和业务架构的设计，使整个媒体集团的新闻生产模式更趋于平台化，更利于资源的流通、共享，力求让媒体内的各个子媒体在保持自身特色的同时，在"中央厨房"这个平台上各取所需、团结协作，既统筹资源，又维持各自特性，打造一个可以双赢、互赢的平台。[2] 比如，麻辣财经融媒体工作室是《人民日报》首批创立的融媒体工作室，自成立以来，发布了大量的新闻报道、评论、视频、H5 等作品，其中 1/3 的稿件落地人民日报版面，相对于见报的稿件，麻辣财经公众号中的文章语言更生动活泼，正如其公众号的简介所言：麻辣君将以诙谐幽默风格为您递上一篇篇爆文！麻辣财经融媒体工作室所具有的平台意识和跨媒体新闻制作能力真正实现了新媒体与报纸之间的融合。

(三)快速反应和精于发现的能力

1. 加强新闻敏感性，快速捕捉新闻线索

媒体融合时代，信息数量多、传播速度快，这要求新闻记者具备极其敏锐的洞察力与处理信息的反应速度，新闻敏感性强的记者，往往能够从众多的信息中快速识别出富有新闻价值的信息，并对其做出快速反应，尤其对于一些突发事件的报道更需要记者快速反应，在第一时间判断新闻是否具有价值，因为谁最先报道，谁就抢占了先机。当记者捕捉到新闻线索时，必须以最快的速度

①　贾忱杨 . 2021 年全国两会报道的采访模式创新及其特色阐释[J]. 传媒，2022(4)：64-66.

②　程忠良 . 人工智能时代"中央厨房"式媒介融合路径的追问[J]. 编辑之友，2019(5)：49-53.

完成新闻的采编制作工作，并通过多种媒介以最快的速度发布出去，以体现新闻的时效性与新闻播报的独家性。

2. 还原真相，提升信息鉴别能力

身处信息爆炸的时代，记者不仅要具备很强的新闻事件捕捉能力，更要不断提升真相还原和信息鉴别的能力与水平。美国知名记者大卫·西蒙在自己的回忆录中写道："尽管语言或文化不同，但优秀的记者拥有一个共识，那就是即使在艰难的情况下也要寻找真相。"①面对各类真假难辨的信息时，记者要深入剖析新闻事件的起因，坚持独立思考，深入调查研究，揭露事件的真相。真实是新闻的生命，坚持新闻真实性是新闻事业的基本原则，要求把实事求是的思想路线贯彻到新闻工作实践的各个环节，深入群众、深入实际，搞好调查研究。不管媒体融合的进程如何推进，采访仍然是记者的基本功，采访在新闻报道中的重要性不会因为媒体融合的发展而有任何降低。新闻人的理想、正义感、好奇心、调查研究能力、对人性与社会的洞察力和判断力仍然是新闻工作最为宝贵的财富。②

3. 强化资源协调和信息整合能力

资源协调和信息整合能力是融媒体背景下记者必备的专业素养，这是保障记者适应各种媒体融合环境的关键基础。强化融媒记者的资源协调和信息整合能力对于融合新闻采制具有重要意义：一方面，记者应该实时掌控各种新闻信息途径的信息资源，这就要求记者拥有十分高超的资源协调水平，可以在第一时间得到可靠、精准、真实的信息资料，这也是融媒体增强新闻传播效果与品质的前提。另一方面，融媒体背景下，信息传播的手段与途径体现出多样性的特点，记者对从各个途径所获取的信息应该迅速开展挖掘与整合工作，同时还要利用各个平台完成传播，所以信息整合能力十分重要。③

## 五、知识素养

对于一个记者来说，其不仅要具备深厚的理论素养、高尚的道德和社会责任感，而且还要有捕捉和挖掘新闻的发现能力、恰如其分的表达能力、新颖独到的分析能力以及更高层次的创新能力。而这些理论素养、政治素养、道德素养以及业务素养的培养都是建立在新闻记者拥有广博知识和杰出学问的基础上

①　郭彦彦. 全媒体时代记者素养的提升策略[J]. 记者摇篮，2022(3)：159-161.

②　刘冰. 融合新闻[M]. 北京：清华大学出版社，2017：43.

③　王艳霞. 融媒体时代全媒体记者的专业素养培育[J]. 记者摇篮，2021(2)：92-93.

的。融合新闻采访的复杂性要求记者具备更深厚广博的知识素养。

　　具备广博的知识、深度的见识是新闻记者的成长基础。新闻记者站在信息社会的最前沿，每天接触来自各种渠道、各种部门、各种形式的知识，他们必须是勤于且善于学习的人。这里的学习，不仅指精通本专业的知识，还要广泛涉猎文史地理、自然科学等各方面的知识。对于记者而言，知识是"弹药库"，是"信息源"，它不仅能够满足新闻报道与节目形式上的需要，还决定着新闻工作者的文化底蕴和文化品位①。如果记者是一个文化知识浅薄的人，在和采访对象交谈时缺乏自我思想见解，没有共同语言，就会出现冷场局面，采访也就失败了。而一个文化知识渊博的记者，因为他对问题早有了深入的研究，就处处主动、自如。

　　记者邹韬奋在叙述他读书对写作技巧提高的体会时说："我所看的书，当然不能都背诵得出的，看过了就好像和它分手，彼此好像都忘掉，但是当我拿起笔来写作的时候，只要用得着任何文句或故事，它完全突然出现于我的脑际，驰驱于我的腕下，我所以觉得奇怪的是，我用不着它的时候……它好像自己就跑了出来，我后来读到了心理学，这大概就是所谓的潜意识的作用吧。"②互联网技术的革新使得数字化、碎片化成为阅读的新趋势，信息泛滥导致的"快餐化""浅阅读"大行其道，融媒记者更需要沉淀内心，坚持不懈地学习，增加知识的积淀，提高新闻工作的效率和质量。

　　融媒体时代更需要复合型人才，能否及时、准确、创造性地报道社会最新动态，能否对社会问题做出深刻的预见和分析，成为考察一个记者是否合格的重要标志，而这一切都与记者个人的理论素养、政治素养、道德素养、业务素养以及知识素养紧密联系。

## 第四节　融媒体时代对记者采访提出的机遇与挑战

　　融媒体时代，传统媒体的既有传播优势逐渐被消解，传统的新闻生产机制被重构，融合新闻以全新的视角和方式呈现新闻事件、诠释新闻意义，新闻业因技术革新呈现出全新的发展态势，也给记者的新闻采写工作带来了新的机遇和挑战。

---

　　① 张利利. 全媒体记者应具备的职业素养[J]. 记者摇篮，2022(1)：22-23.

　　② 佚名. 读书是通向世界最好的路[EB/OL]. (2022-05-10)[2023-10-05]. https://www.sohu.com/a/545518225_120044381.

### 一、融媒体时代给记者带来的机遇

媒体融合的发展对记者的采访工作有着较大的促进作用。

首先，庞大的网络信息库中整合了海量的新闻信息、数据信息以及 UGC 内容，这在客观上拓展了记者的新闻素材来源，有利于记者通过对网络素材的筛选和整理，挑选出适宜的新闻信息。

其次，记者在新闻采写过程中通常要涉及对社会现状的把控，要通过精确的报道将各个行业人们的实际情况进行表述，这就要求新闻记者深入大众的实际生活中，进行亲身感受。处于融媒体环境下，新闻记者能够通过微博、微信等渠道，用线上视频电话的形式开展采访活动，能更快速地了解新闻事件的详细进展，完善新闻采写工作。[①] 随着移动传播技术以一种基础设施的方式塑造人的生活和劳动形态，记者已不必亲身前往新闻现场，新闻生产中的身体缺席成为常态，利用互联网进行远程报道成为新闻常规。[②] 这种新闻生产的线上化极大地拓宽了记者的采访范围，丰富了记者的采访方式，提高了记者的工作效率。

最后，技术赋能可以极大地延伸和提振记者的采访能力。当前，云计算、人工智能、大数据等一批新技术层出不穷，为记者的采访提供了有力的技术支撑。在科技手段的支撑下，记者的采访工具更加多样，呈现方式也更加丰富，"全媒型记者"不再是理想而成为现实。通过 5G 智能采访和 AI 辅助创作，记者可以有效提高新闻生产效率，提高融媒产品效果。例如，智能眼镜可以辅助记者完成采访工作，一人就能完成访谈、拍摄、记录等工作，而且接入设备后，前后方实时同步采访内容，在记者上传图文稿件之后，就可以启动智能分析，自动生成视频新闻;[③] 通过整合不断涌现的智能新技术，记者可以持续探索技术集成下的多元化媒体形态和创新型内容生态，为新闻的采写编发拓展表达空间;通过"中央厨房"和云平台的动态监测，记者可以更加准确地把握社会舆情、民生热点和用户兴趣，提高新闻线索挖掘、新闻事件分析和选题策划的能力，既有效降低了记者采写的人力成本，又极大地提升了新闻的生产能力

---

① 任常辉．浅析融媒体时代编辑记者面临的机遇与挑战[J]．采写编，2021(3)：71-72.

② 周子杰．足不出户做新闻：远程报道的常规与新闻业的地方性困境——基于对 S 报的田野调查[J]．新闻记者，2022(7)：45-57.

③ 贾忱杨．2021 年全国两会报道的采访模式创新及其特色阐释[J]．传媒，2022(4)：64-66.

和传播效果。

## 二、融媒体时代记者面临的挑战

（一）社会的变革与发展对新闻采写提出挑战

党的十九大报告提出，我国经济已经开始转向高质量发展阶段，而要推动高质量发展，前提是必须深刻认识和准确把握新发展理念。新发展理念是习近平新时代中国特色社会主义思想的重要内容，党的十九届五中全会强调要把新发展理念贯穿发展全过程和各领域。新发展理念着重回答关于发展的目的、动力、方式、路径等一系列理论和实践问题，阐明了我们党关于发展的政治立场、价值导向、发展模式、发展道路等重大政治问题。"十四五"规划和2035年远景目标明确将其确定为经济社会发展的一条基本原则。传媒产业作为经济社会的重要组成部分，准确把握新发展阶段，深入贯彻新发展理念，努力构建新发展格局，是新时代社会变革和发展的必然要求，这也对新闻采写的传统思维方式和工作方式提出了挑战。

首先，新媒体传播具有鲜明的信息获取海量性、多形态性、易复制性和易储存性特征，这使得人们在多元、复杂的信息需求得到满足后，会对信息传播提出更快、更好的要求。其次，新媒体的发展消解了传播者和受众之间原本清晰的界限，新媒体赋予社会的草根阶层、底层市民、弱势群体以新的话语阶层或传播主体的身份，协调了这些人群与传统的主流媒体精英和话语阶层之间的关系，但这个开放式的、低门槛的、尚不成熟的全新媒介空间，表面上的自由发展、互动传播实暗含着激烈的差异化价值冲突与碰撞，新媒体生态实际上隐含着一种多元且极不稳定的态势。最后，新媒体传播是去中心化的、去权威化的，实行包容共生的传播模式，传播方式具有多元性，在传播内容的价值取向、思想观念方面具有差异性。新媒体弱化了媒体"把关人"的角色，使媒体控制和圈定受众——特别是个体——的思想、价值观、情感与生活的能力减退。① 面对由新技术重构的传媒生态，新闻记者要把平衡基于社会整体利益的国家意志和社会多元利益诉求之间的关系作为自己的工作追求，坚持马克思主义新闻观，宣扬社会主义核心价值观，一方面，维护多元利益的表达机制，针对社会疑虑与情绪释疑解惑，发挥好"瞭望哨"和"减压阀"的作用；另一方面，坚持正确的舆论导向，帮助公众在国家发展的基本路线、基本方针、发展方

---

① 徐鸣，徐建军. 论新媒体的技术特性与新发展理念的耦合[J]. 湖南科技大学学报（社会科学版），2017(5)：155-159.

向、发展道路上达成基本的社会共识,① 将"创新、协调、绿色、开放、共享"为核心的新发展理念贯穿于新闻采写过程中,构建健康和谐的媒体生态。

(二)传播新技术对新闻采写提出挑战

以互联网为代表的新媒体改写了公众的新闻消费习惯和方式,也重塑了新闻生产流程和新闻传播体系。流程是指新闻生产中各个业务环节的运行与衔接以及新闻产品的传递过程。② 传统媒体时代新闻生产流程可以概括为记者采访、写作,完成初级新闻产品,编辑再加工,形成新闻成品,向受众传播。而融合新闻生产流程可以概括为,记者与用户成为共同主体,合作完成素材采集,存入多媒体素材库,制作多媒体新闻初级产品,将初级产品进行深加工成为融合新闻,并进行多端输出,用户接收新闻并参与互动。

基于数字化技术的新媒体对于传统的媒体生态是极大的消解,它重建了传播的内容格局,模糊了传播专业人员与用户的角色界限,打破了传统媒体的介质壁垒。众媒时代的显著特征,一方面在于媒介的内容与表现形态日益增加,另一方面则体现在信息生产主体进一步趋向多元,从过去的专业媒体到后来的用户参与,再到今天的更多元的人和机构的参与,这得益于技术的进步带来的门槛的降低。另外,在我们今天的所谓专业媒体的格局里不仅仅只有传统媒体,它还有很多新兴的专业力量,即小规模的组织化的存在形式。总之,不管是个人还是其他非媒体的组织机构都可以依托新媒体参与信息生产与传播,这对媒体生态带来了强烈冲击与深远影响。

2011 年 7 月 23 日 20 点 37 分,温州市双屿路段,北京至福州的 D301 次列车行驶至温州市双屿路段时,与杭州开往福州的 D3115 次列车追尾,导致 D301 次 1、2、3 节车厢侧翻,从高架桥上掉落,毁坏严重,第 4 节车厢悬挂桥上;D3115 次 15、16 节车厢损毁严重。温州动车追尾事故发生后迅速引起了社会的广泛关注。事故发生 4 分钟后,车厢内的乘客@袁小芫微博发出第一条消息,称动车紧急停车并停电,有两次强烈的撞击。事故发生 13 分钟后,乘客@羊圈圈羊发出第一条求助微博,转发突破十万,两小时后该名网友获救。网友发布的相关信息比国内媒体在互联上第一条关于列车脱轨的报道早了 2 个小时。社交媒体的崛起,使得言论表达的渠道大大拓展,从理论上讲,借助社交媒体平台,"任何人"可以在"任何时间""任何地点"通过文字、声音、

① 《新闻采访与写作》编写组 . 新闻采访与写作[M]. 北京:高等教育出版社,2019:7.

② 刘冰 . 融合新闻[M]. 北京:清华大学出版社,2017:36-37.

图像等"任何媒体"传播"任何信息",① 受众的主体自由得以全面伸张,巴隆提出的"受众接近权"在网络环境下得以实现,传统媒体的信息准入特权被打破,记者的采写编发工作受到了冲击和挑战。如何有效整合和运用第一现场的目击者提供的多媒体素材,如何进行事实的校验和审核、信息的叠加和增补、观点的理性引导,是融媒记者需要进一步提升的专业能力。

融媒体时代的新闻记者除了要在职业技能上努力向全能记者转型,更要具备主动增强互动、连接用户的理念。互动性是新媒体区别于传统媒体的根本性特征。融合新闻不仅是对新闻事实的呈现,在融合新闻生产过程中,记者要有主动设置互动元素的意识,要有通过引导用户参与完成完整新闻报道的能力。腾讯新闻为纪念抗战胜利 70 周年制作了《化身间谍,改变历史》的 H5。这个H5 新闻根据玛塔·哈丽、川岛芳子等五个间谍进行情节和互动设计,重现了那些惊心动魄的潜伏时刻,当用户化身某个间谍后就会进入间谍模式,开启一重重的谜题,让用户在解题当中去了解这段历史。这次融合报道的成功之处就在于互动。可以说,互动性是融合报道的灵魂,如果只是把传统媒体中的文字、图像、视频信息移植到网上,本质还是旧的报道思维。

（三）全球化发展对新闻采写提出挑战

"全球化"的英文为 globalization,这一表述的最早使用可以追溯到 20 世纪40 年代的美国。② 目前,对于全球化很难找到一个确切的定义。对吉登斯而言,全球化是社会关系的强化;对罗伯逊而言,全球化是世界作为一个整体的意识的加强。③ 对于全球化的界定可谓五花八门,但在全球化的认识上,有一点是达成共识的,即全球化的发展是现代社会的一个必然趋势。而全球化的概念被用来描述和阐释经济全球化、政治全球化、文化全球化以及媒介全球化这四类相互联系领域的发展情况,揭示经济全球化、政治全球化、文化全球化以及媒介全球化四位一体的发展趋势。

面对全球化浪潮,对于中国新闻媒体及其新闻采写者而言,这意味着不仅要遵循国内传播市场的规则,积极参与国内新闻媒体间的竞争,还要顺应国际传播市场的规则,参与到国际媒体间的竞争中,以争夺国际传播的话语权。④

---

① 匡文波.新媒体概论[M],北京:中国人民大学出版社,2015:9-15.
② 高放."全球化"一词的由来[N].学习时报,2001-05-14.
③ [英]特希·兰塔能.媒介与全球化[M].北京:中国传媒大学出版社,2013:83.
④ 《新闻采访与写作》编写组.新闻采访与写作[M].北京:高等教育出版社,2019:7.

2013 年，党的十八届三中全会审议通过的《中共中央关于全面深化改革若干重大问题的决定》，指出要构建多元协同的外宣体制，扩大对外文化交流；2016 年，"加强国际传播能力建设"写入"十三五"规划；2017 年，党的十九大报告指出要推进国际传播能力建设，讲好中国故事，展现真实、立体、全面的中国，提高国家文化软实力；2021 年，"十四五"规划和 2035 年远景目标提出要创新推进国际传播。可见，新时代发挥媒体融合发展优势讲好中国故事，传播好中国声音，是新闻记者必须不断提高的能力。

2022 年全国两会期间，CGTN、China Daily、新华社、人民日报等媒体继续在海外平台报道全国两会，其中 CGTN 在 YouTube 创建了"2022 两会"专栏，既实时跟进两会议程，又通过具体事件讲述中国的民生发展与民主实践。例如以普通人为例，介绍老百姓如何表达自己的意见建议，甚至参与立法；以母婴室在中国的推广为例，讲述人大代表的议案落地实现的过程；扎实具体的案例，加上"开箱视频"的创意形式，使相关报道取得了较好的传播效果。①

### 三、融媒体时代记者工作优化策略

(一)创新新闻内容

在融媒体环境下，要生产出高质量的新闻，就必须用职业的目光去挖掘其背后的深刻含义和社会价值，以小切口见大主题，保证自己的竞争优势，极力打造自主的新闻品牌。同时，记者在分析新闻运行状况和管理新闻运转工作的时候，要重视对用户反馈信息的处理，增强新闻记者的信息收集意识，调查和统计用户的新闻资讯阅读情况，并根据所提供的反馈内容和自己的新闻资讯的特性，进行适时的调整。

记者要顺应媒体融合发展趋势，树立平台意识和跨界合作意识，不断熟悉各类新闻客户端的特点，例如今日头条、抖音、快手短视频等热门新媒体平台，熟练应用不同平台的编辑模式，提升新闻内容的呈现效果，激发用户的新闻阅读兴趣。

(二)创新采访方式

采访是新闻记者获得新闻资讯的重要途径，而在融媒体时代，新闻资讯的传播渠道多样化，发现和共享的门槛都较低，人人都能成为资讯的传播者和解释者。因此，新闻记者要想提高自己的竞争能力，就必须创新采访方式，主动

---

① 曾祥敏，董泽萱，况一凡．对话、合作、液态化融合：2022 全国两会融媒体产品创新研究[J]．新闻与写作，2022(5)：94-106.

运用新的媒介技术，在全媒体采访上不断做出探索和创新。

在 2021 年全国两会期间，为适应疫情防控需求，会期、议程及采访方式等都有所调整。根据要求，各大媒体纷纷创新采访形式，采用了云采访、视频采访、智能采访等诸多新技术报道全国两会，使 2021 年全国两会报道的采访别具特色。比如，人民网在 2021 年全国两会报道中主要通过网络、视频、书面等方式进行采访，记者们进行"云跑会"，策划多档"云采访"栏目。人民网5G 视频访谈节目《两会云客厅》首次采用全息投影技术，联动电脑屏、手机屏、电视屏，代表委员一机在手、一键入"厅"，可与记者、主持人无延迟"隔空"互动交流。中央广播电视总台创造性地将 AI 融入直播中，推出《C+真探》系列节目，并上线了以 AI 面目识别驱动的 3D 超写实虚拟小编"小 C"。通过云连线代表委员，节目完成了多场采访直播，打造出人机交互的全新趣味场景。这些智能化操作强化了节目的科技感、新鲜感和趣味性，得到了诸多网友的广泛关注，是融合报道中技术运用创新的有益探索。①

---

① 贾忱杨. 2021 年全国两会报道的采访模式创新及其特色阐释[J]. 传媒，2022(4)：64-66.

# 第四章　新闻事实的识别及其方法

新闻采访的前提在于新闻发现。美国新闻学家约斯特在《新闻学原理》一书中指出，一个不善于辨别色彩的人，不能成为一个画家；一个不懂得和谐的人，不能成为一个音乐家；一个没有"新闻感"的人，也不能成为一个新闻记者。新闻记者的基本素质就是对新闻的发现，没有发现就没有新闻。新闻发现的实质就是识别事实的新闻价值。而新闻记者能否率先准确地识别事实价值、发现新闻，则取决于记者是否具备良好的新闻敏感性。

## 第一节　新闻线索与新闻敏感

### 一、新闻线索的含义及特点

新闻线索，也称采访线索、报道线索，是指为新闻采访报道提供有待证实、扩展和深化的信息。它或是难以察觉甚至是稍纵即逝的蛛丝马迹，或是私下流传的某个说法，或是人们熟视无睹的某种迹象。总之，它是给新闻记者提示新闻的所在，可以为新闻采访指明方向和范围。新闻线索可能是具有一定新闻价值会成为新闻的事实，或者说是某种信号。新闻线索不同于新闻，它只是反映事物的一个概貌或片段，还需要新闻记者进一步进行筛选、挖掘、加工和整理。新闻线索具有以下特点：

（一）简略性

新闻线索比较简略，往往缺乏完整的新闻事实。它没有具体事情发生的过程，也缺乏事实的细节，缺少新闻事实的五要素，甚至事情发生的人、时间、地点等信息也模糊不清，只是存在一些迹象。仅凭一条新闻线索是无法写出新闻报道的，必须通过深入的采访才能得到新闻具体的内容和生动的细节。

（二）概要性

新闻线索多数比较模糊，只能反映事物发展的概要或者局部。因此新闻工作者仅凭新闻线索是无法进行新闻报道的，还需要对线索进一步筛选、挖掘、加工和整理，而新闻价值内容需要依靠深度挖掘才能出现。2020 年 2 月 3 日人民日报客户端广东频道刊登的通讯《看，这些"夫妻队""突击队""先锋队"挺在肇庆高新区防疫最前沿》线索就来自朋友圈：广东肇庆高新区大旺中学一高中生抱怨父母，原因是大年初一他第一次一个人在家吃饭，而他的父母此时正奔波在防疫前线。根据这条线索作者写成的通讯，一经发表便引起轰动，点击量高达 19.5 万次。

（三）不可靠性

新闻线索是一种"信号"，它可能是真实的对事件的反映，也可能只是道听途说的谣言。新媒体时代新闻线索数量多，而真实的新闻线索和虚假的谣言相伴而生。新闻记者必须做好筛选，切忌把谣言当事实来报道，避免造成不良的社会后果。2022 年 1 月 20 日某报报道了一条关于赴京打工寻子的新闻引发了无数网友的关注。文中提到的岳某儿子在当地失踪后当地警方出现推诿、不定位手机、不调监控、三个月才立案等情况引起一阵热议。后当地公安发布情况通报，先前指责公安机关推诿、不调监控、不立案、不做 DNA 鉴定的情况居然均为不实报道，而且，警方通报的案发时间与新闻报道中的时间也是不一致的。

## 二、新闻线索的来源

（一）从各种会议文件中获取线索

各级领导机关的文件、会议反映的是中央的路线、方针、政策，中央的重大决策和部署，是各项工作的政策、方向。文件和会议本身往往包含着许多精神，而这些精神直接决定社会的重大事件的发生、发展，也自然成为新闻媒体关注的重点和焦点。每当中央相关政策和部署一出台，就会迅速形成热门话题，成为大家关注的重中之重。因此，记者要认真学习研究政策文件，吃透上级精神，从中挖掘报道线索和题目。

另外，有时候文件本身也许没有给记者提供任何具体的新闻线索，但是记者在政策文件精神的启发和指引下，联系平时积累的情况和对实际的了解，也有可能发现新的线索，挖掘出更多、更深的报道内容。

（二）从其他媒体报道中获取线索

这里指从报纸、电台、电视等报道的新闻中抓线索。媒体上已刊发的大量的、滚动的、层出不穷的新闻，实际上是取之不尽、用之不竭的线索来源。当然，从已有报道中获取线索不是重复报道和人云亦云，而是获得启发，进一步挖掘事实的新内容、新视角和新思想，做跟踪补充报道或深度报道。比如全国性新闻是否可以开掘本地化视角，能否变换思路，重新报道。

（三）从互联网上获取线索

目前，绝大部分社会组织都建立了网站、开通了自媒体账号，网民也会通过互联网发布大量信息。因此，通过互联网，记者可以捕捉到很多新闻线索。

微博、抖音等社交平台为网民进行信息爆料和实施监督提供了便利，也是反映社会热点和舆情监测的风向标，成为记者挖掘新闻线索的富矿。但是，网络信息良莠不齐，而且大部分未经审查核实，所以，作为新闻线索加以采用时要特别注意调查核准。

（四）从社会爆料中获取线索

这里的社会爆料渠道主要包括新闻热线和网络爆料平台。在记者采访的事件当中，绝大部分情况是事件发生以后，记者闻讯赶到现场，这说明社会爆料对于记者获取线索的重要意义。传统媒体时代，各家媒体都会关注新闻热点，甚至还会引入线索有价的理念，为提供新闻线索的报料人提供现金奖励。互联网时代，媒体在保留新闻热点的基础上，还开设了网络爆料平台和在线投稿通道，极大地拓展了新闻线索的来源渠道。

2017 年 2 月中旬，郑州荥阳市住建局城建监察大队在对辖区内建设项目进行排查时发现，某建筑项目在没有取得建设工程规划许可证和施工许可证的情况下开始施工，严重违反相关法律法规，随即对其下达了停工通知书，要求其立即停止违法行为，并接受调查处理。然而，涉嫌违法的项目开发商在接到通知书后却无动于衷。此后，住建部门又于 2 月 20 日、2 月 23 日、3 月 8 日、3 月 9 日、3 月 14 日先后 5 次下达停工通知书，并多次到现场执法，但该项目依旧没有任何停工迹象。附近的冯村村民也是屡次举报。《工人日报》记者通过调查走访，刊发报道《6 张"停工通知书"咋管不住一个违法项目？》，该报道也获得第二十八届中国新闻奖文字消息三等奖。①

（五）从文献资料中获取线索

文献包括各种公开出版和内部印发的文本材料。从各种材料乃至故纸堆里发现新闻线索，对一位有经验的记者来说，充满可能性。文献线索大致可分为三类：第一类是历史信息，即历史事件、掌故、轶事等；第二类是当前事务，主要来自政府部门、社会机构、公司业务、行业组织等的内部通讯、业务简报、总结材料、交流文件等；第三类是公共资讯，特指警署、医院、

---

① 胡小峰，余嘉熙 .6 张"停工通知书"咋管不住一个违法项目？［N］. 工人日报，2017-03-27.

消防、税务、疾控中心、"三防"指挥部等发布的涉及公众利益的预警、提示、告示等材料。①

在 2021 年建党百年报道中，新华社北京分社记者张漫子前往北大红楼采访，发现《京报》创办者邵飘萍牺牲 60 年后被追认为中共党员，但他一生都在以笔为枪、启迪民智，宣传马克思主义、宣传中国共产党的政策主张……2021 年上半年，报道各地基层党员感人事迹的故事很多，却鲜有文章重温邵飘萍等一代报人的气节、风骨与血性。记者通过采访多位党史研究者和北京大学校史馆的历史学家，寻找新的史料，挖掘一代报人以笔为枪、为民族光明探路的幕后细节，最终写就《100 多年前，毛泽东的"老师"用生命完成了这项"秘密任务"》一文，让"铁肩辣手"邵飘萍的事迹得到突破圈层的广泛传播。

（六）从日常生活和人际交往中获取线索

现实生活中发生的各种各样的事实蕴含着大量的新闻线索，记者只要在日常生活和人际交往中细心观察，哪怕是在闲谈中，也能捕捉到有价值的线索。在抗日战争期间，著名的战地记者陆诒去重庆找周恩来，谈及新闻线索缺少时，周恩来告诉他，当感觉新闻线索实在贫乏之时，不妨到茶馆里去坐坐，听听群众在谈论什么，想些什么。可见，"处处留心皆新闻"。

记者还可以从日常生活中司空见惯的现象中去感悟新闻线索，通过对习以为常的现象进行思考后，挖掘与公众生活和工作密切相关的、值得引起公众注意和深入认识的问题。比如针对现在非常流行的早教现象，央视《焦点访谈》曾在 2013 年 3 月 31 日播出过一期节目《早教，该多早?》，节目中关注到早教低龄化以及早教课程内容复杂、价格高昂等问题，邀请相关专家解答早教课程对孩子是否具有教育作用，并调查了我国早教行业存在的问题和监管漏洞，播出后引起很大反响。

### 三、新闻敏感的含义及来源

新闻敏感，又称"新闻眼"或"新闻鼻"，是新闻工作者敏锐、准确、及时地识别新闻事实及其蕴含价值大小的职业能力。一个成熟的记者具有敏锐的职业眼光和新闻发现的能力，能够在瞬息万变、纷繁复杂的新闻事实中发现和分辨有价值的新闻事实。著名记者穆青说过：一个人之所以被称为记者，并不是一种职业头衔使然，而是因为他比普通人看到的更多、思考得更深。一个优秀

---

① 辜晓进. 新闻线索七大来源探析[J]. 新闻与写作，2014(12)：81-83.

的记者，穷其一生，都在追求发现。

《纽约时报》记者泰勒曾接受编辑部任务去采访一名演员，到剧场才发现挂牌取消了演出，便回家睡觉了。谁知深更半夜，编辑气冲冲地把他叫醒，告诉他说："其他报纸的头条新闻是这位女演员自杀，你却空手而回，须知，取消演出本身就是新闻，它的背后可能还有新闻。"这位编辑告诉他说："记住，以后你的鼻子不要再堵塞。"

罗丹说过："所谓大师，就是这样的人，他们用自己的眼睛去看别人见过的东西，在别人司空见惯的东西上能够发现出美来。"社会生活中那些看似平凡、平常的社会现象，有时候却隐藏着重大的新闻主题。新闻记者要善于从司空见惯的社会现象中发现新闻。

2002 年 4 月，《中国青年报》记者刘海明在北京国展的一次招聘会上发现，两千多家用人单位有六成在招聘时，无论职位高低、学历和工作经验如何，都把 35 岁作为最高限定年龄。年龄的重要性，竟然与从事某项职业的前提——具备某项专业知识不相上下，成了人才招聘中的第一道"门槛"。在该记者的眼中，35 岁正值人生的黄金阶段，无论是身体状况、知识结构还是工作经验，都处于鼎盛时期。"35 岁拒聘"是一种公然的职业歧视，也有悖宪法的精神。他通过深入分析这一现象的根源和危害，写出《35 岁歧视症》。"35 岁现象"是一个带有普遍性的问题，反映了用人当中的不良风气，目前依然是广受关注的现实问题。但在当时，这个问题还尚未引起人们注意，记者正是依靠新闻敏感，发现其中蕴含的新闻价值，并开掘出值得关注与反思的新闻主题。

新闻敏感是新闻记者必须具备的职业素养和职业能力。新闻敏感的形成需要记者在日常实践中自觉训练、培养、总结与积累。具体而言，新闻敏感的来源主要有以下几个方面：

（一）博学善学，吸收营养，厚积薄发

新闻敏感在某种程度上表现为一种"直觉"与顿悟。但这种"直觉"与顿悟并不是依赖天赋或偶然的灵光乍现，而是一种基于学习与经验积累的厚积薄发。当外界新的信息刺激与记者头脑中已有的信息积累发生碰撞后，会激发出思想上的飞跃和突破，形成新的观点、新的认识，使记者把最有价值的新闻线索和新闻事实识别出来。可见，"直觉"+知识+经验＝"火花"。一个缺乏知识和实践积累的记者，很容易迷失在外界纷繁的信息当中，在大量的事实中无法有效发现具有新闻价值的事实，在一个具体事实中，也无法有效辨别其新闻价值的高低，更缺少对事实所引发的社会效果的预见能力。

新闻敏感需要知识的积累和实践的经验，新闻记者的知识面广、经验丰富，思维就会更开阔，新闻捕捉能力也会更强。美国新闻学者、评论家杰克·海敦在《怎样当好新闻记者》一书中说："新闻专业的学生，应该像哲学家培根一样，把一切知识都当作自己的领域。要培养对历史、政治、宗教、文学、音乐、艺术、戏剧、电影等的兴趣。""知识面越广，就越能写好各种各样的题材。""记者应当是具有各方面知识的通才。"中国著名报人徐铸成说："要当好一个记者，不仅要有写作基础，而且要积累各种知识，了解事情的历史背景。知识积累愈丰富，能掌握的新闻线索就愈多。"同时，记者还要善于在实践中总结，提升观察力、鉴别力和分析力。

凤凰卫视记者吴小莉曾在回答浙江大学学生提问时说道："我觉得每一个事件的采访历程都是一个累积的过程，累积的过程不过是比别人付出几倍的时间多学点儿，认认真真做好每一天的工作……采访中迸发出的'火花'不是一下子发生的事情。你不知道什么时候会发生什么样的事情，你要做到大事发生时，要有热情，有冲劲去参与。作为一名记者，最重要的还是要好奇、动脑筋和有激情，机会有时候就摆在你面前，就看你能不能不懈地努力和争取，去真正得到它。"①

2022年4月13日，新华社北京分社记者张漫子采写的《100公里！我国科学家创造量子直接通信最远纪录》就是建立在专业积累的基础之上的一则报道。该报道对新闻点的挖掘建立在对量子科学发展史的前沿进展有清晰认识和准确把握之上，报道对该成果战略价值和应用意义的提炼，不仅展现了量子科技史上的中国力量，还佐证并支撑了国家创新驱动发展战略的正确性，以一项科研成果的突破凝聚了国人的自豪感和自信心，在社交媒体上取得了很好的传播效果。

（二）增强政治敏感和社会责任感

政治敏感是对党的路线、方针、政策的理解和把握，它是新闻敏感的核心。可以说，新闻敏感是记者政治水平和业务水平的集中表现。记者的政治敏感首先需要不断加强政治理论、方针、政策的系统学习。记者只有深刻领会了党和政府的各项方针、政策，才能具备永立潮头、胸怀全局、高屋建瓴的报道眼光与格局。

人民日报评论《为建设普遍安全的世界注入正能量——回望上半年中国外

---

① 汪秀娟. 新闻工作者"新闻敏感"培养的几点思考[J]. 池州学院学报，2008（1）：97.

交成就》荣获第三十届中国新闻奖国际传播类一等奖。根据人民日报社编委会的部署，国际部组织精锐力量，于2019年7月启动有关上半年中国外交成就重大主题宣传策划，旨在全面梳理中国外交半年来的重大实践，全面展现习近平主席的大国领袖风采、人民情怀，全面展现中国的大国担当。策划最终体现为"书写中国外交新华章"系列3篇重头述评和"回望上半年中国外交成就"系列6篇国际时评。作为系列6篇国际时评的第三篇，《为建设普遍安全的世界注入正能量——回望上半年中国外交成就》一文深刻阐述当今世界面临的安全难题，找准全球安全治理存在的短板，以中国提出的新安全观为引领，亮明中国主张，展现中国行动，发出时代召唤。文章虽不长，但凝聚了对国际安全形势的深入思考，展现了对习近平外交思想的全面精准把握，展现了人民日报社国际部团队长期以来致力于笃行与深思的优良作风。这篇评论所阐述的宏大主题，在全球化的当下，更显时代价值和历史意义。①

记者的政治敏感还源于强烈的社会责任感和对时局政策的准确把握。记者对党、对国家、对人民有着强烈的责任感，才会自觉关注党的路线、方针、政策，才会关心人民群众的关切与呼声，才能将新闻事实、新闻人物放在时代背景下加以考察。

2019年，新华社湖北分社深度挖掘不忘初心、深藏功名的老英雄张富清先进事迹，推出长篇通讯《英雄无言——95岁老党员张富清的本色人生》，该文荣获第三十届中国新闻奖文字通讯与深度报道一等奖。新华社湖北分社掌握线索后，以高度的历史使命感和责任感，迅速组建全媒体报道团队，通过精心策划、深入调研，以此长篇通讯作为庆祝新中国成立70周年的重大典型宣传报道。报道团队深入一线，采访了数十人，获取了大量详实的信息，并独家与老英雄进行了共鸣式"对话"：老英雄张富清在忆往昔峥嵘岁月时，时常眼含热泪；故事娓娓道来，诉说饱含深情，团队成员深受感染，采访中几度哽咽。报道团队认为，"初心本色"正是老党员张富清的精神内核，并在媒体中首次升华概括，将"本色"二字写入标题。稿件播发后，被《新华每日电讯》头版、《解放军报》等190家媒体转载，引发强烈震撼和共鸣。张富清先后获得"时代楷模""全国优秀共产党员"等荣誉称号，他的先进事迹成为"不忘初心、牢记使命"主题教育中的重要内容。新中国成立70周年华诞，张富清成为8名"共和国勋章"获得者之一。专家评价该篇通讯"情感充沛，细节饱满，逻辑清晰，

---

① 第三十届中国新闻奖案例库上线！多角度带你了解8件央媒获奖作品．中国记协微信公众号，2021-5-20.

精炼平实，感人至深，凝聚起磅礴的社会正能量"。①

（三）深入实际，勇于探索，精于发现

现实生活和社会生活当中的新情况和新事物是新闻采访的对象和源泉，通过对它们的深入观察与分析，采访报道才能体现出很强的社会性和时代感。艾丰在《新闻采访方法论》中指出，记者是社会活动家，记者采访的基本方式是社会活动方式。新闻工作的职业特点要求记者广泛接触社会，深入观察与思考现实。

李普曼曾说："一条新闻的价值往往不在于文字上有多么优美，写作上有多么高明，而在于谁首先发现它，报道它。"2010 年 8 月 11 日，人民日报刊发作者郭立场的《"提笔忘字"与汉字危机》，体现出作者强烈的新闻敏感性。文章指出，数字化时代，文字记录方式发生革命性变革，键盘上"敲字如飞"常常代替了一笔一画的汉字书写。因为长期使用电脑，许多人只能大致记住汉字的形状，提笔却无法正确写出具体部首和结构。这篇文章关注的问题太能体现我们的生活实际了，提笔忘字、频写错别字几乎是每一个人都有过的经历，作者将这一生活中的普遍现象与汉字危机这一宏大主题结合起来，韵味悠长，立意深远，以小见大。可见，勤于思考、勇于探索、精于发现的能力对于新闻采写具有重要意义，它不仅可以帮助记者快速识别出生活中出现的新现象和新问题，还能准确识别出那些尚未引起人们注意，但却对未来的社会发展可能带来更大影响的问题。

# 第二节　识别新闻事实的依据

新闻学是一门选择事实的艺术。这种选择贯穿于采访、写作、编辑等新闻生产与传播全过程。不论所处哪一个阶段，本质上都是对事实的选择。从新闻采访的角度而言，采访过程就是不断挑选事实的过程。记者如果在新闻现场，目光所及的事物很多，不可能都记录在册，必须有所选择；记者如果与被采访对象交流沟通，采访对象滔滔不绝，记者也必须不断筛选，对重要的事实，紧抓不放，继续追问，直到全部弄清为止。

新闻选择具有必然性，而对于新闻事实的筛选，识别的标准与依据就是新闻价值。新闻价值是指事实所包含的足以构成新闻的种种特殊素质的总和，是

---

① 第三十届中国新闻奖案例库上线！多角度带你了解 8 件央媒获奖作品. 中国记协微信公众号，2021-5-20.

指导新闻记者取舍新闻的标准。

## 一、新闻价值及其构成

新闻价值的构成要素一般包括五项：时新性、重要性、显著性、接近性和趣味性。

（一）时新性

"新鲜"是新闻存在的价值。时新性包含两层含义：一是指事实在时间上的新鲜性，二是指在内容上是人们未知的新鲜事。事情发生的时间越近，新闻价值越高；内容越新，包括最新的情况、最新的问题、最新的成就、最新的经验等，新闻价值也就越高。

（二）重要性

重要性是指事实所具有的为多数人所关心的社会意义。判断新闻事实是否重要，就看这个事实影响了多少人，影响了多长时间，影响了多大范围。凡属于多数人所迫切关心的事实，与多数人利害攸关的事实，在实际生活中多数人迫切需要解决的问题，都具有重要性，而且影响到的人越多，其新闻价值就越大。比如，灾情报道之所以能够见诸不同国家与地区、不同社会制度的新闻媒介，就是因为这一事件与世界多数人利害攸关，具有为世界多数人所关注的性质，有着为多数人所公认的重要性。

（三）显著性

新闻人物和新闻事件如果具有引人注目、非同一般的意义，那就具备显著性。新闻价值的显著性主要体现在人物的显著性、事件的显著性、时间的显著性等几个方面。

1. 人物的显著性

各国政要、名人明星等公众人物，与普通人相比，或者拥有较高的社会地位，或者在一定领域内具有较高的知名度，或者具备某种特殊的才能，或者拥有特殊的权威性。总之，他们更容易吸引人们更多的注意力。

以姚明结婚为例，搜狐体育频道就曾以"姚明叶莉百年好合"为主题做了一期新闻专题，不仅详细记录了他们婚礼准备、婚礼现场、婚礼仪式等情况，还用很大篇幅介绍了他们两人的个人经历，回顾了他们的爱情道路，还列举了NBA球星和他们的妻子，事无巨细，面面俱到。结婚这件事情本身并不具备新闻价值，而姚明的知名度、社会地位，使得发生在姚明身上的事情就会被人关注，就具有新闻价值，就值得报道，这是由新闻人物本身的显著性所决定的。

2. 事件的显著性

如果一件事情在客观上表现得与众不同，能够激发和吸引人们的注意力，这件事情就具备了显著性。具有显著性的事件主题可以是人，可以是物，也可以是各种不同于寻常的自然现象。现实中有大量非凡的普通人值得关注、需要关注。云南省丽江华坪女子高级中学校长张桂梅将自己的一生奉献给教育事业，她让1800多名贫困山区女孩走出了大山，圆了大学梦。她一身病痛、两袖清风，却也满身荣誉，被誉为最美校长。张桂梅是平凡女性，是普通老师，但也创造了不平凡的人生。她是国家表彰的对象，是社会学习的榜样，当然也是具有显著性的新闻人物。另外，还有一些具有典型性的事件，比如"首次"出现的情况，新的法律法规出台前后法院审理的"首例"案件，会更容易引起社会关注。

3. 时间的显著性

在人类历史活动的客观发展过程中，有些时间会被赋予非比寻常的意义，容易引起人们的注意，这是时间显著性能够成为新闻价值要素的内在依据。比如各种纪念日、节庆日等，媒体通常都会有一些与之相关的新闻选题策划与报道。2008年5月12日14时28分04秒，四川省阿坝藏族羌族自治州汶川县发生里氏8.0级大地震，地震共造成69227人死亡，374643人受伤，17923人失踪，是新中国成立以来破坏力最大的地震，也是唐山大地震后伤亡最严重的一次地震。经国务院批准，自2009年起，每年5月12日为全国"防震减灾日"。汶川地震赋予5月12日非比寻常的意义，此后每年都会有一些祭奠缅怀活动。2022年5月12日，四川省阿坝州在汶川县映秀镇漩口中学地震遗址举行"5·12"汶川特大地震十四周年祭奠活动，活动成员之一的蒋雨航是汶川地震中的幸存者，如今已成为黔东南消防指导员。《贵州日报》针对此次祭奠活动刊发了新闻《汶川地震被埋124小时后获救的男孩，如今成了消防员》。

（四）接近性

事实因为在地理上或心理上与受众十分接近，自然能够引起受众的普遍关注。接近性包含两层含义：

一是地理上的接近性。相对遥远地区的事物来说，人们一般更关心身边的事物，因为事实发生的地点就在自己周围，自然与自己的关系更为直接，更为迫切，也更容易受其影响，人们自然会更重视。比如，民生新闻在内容上主要关注普通百姓的生存状态与生存空间，报道内容大都比较琐碎，甚至是家长里短。受众关注这类新闻，正是基于这种接近性，关注自己所在的生活空间里发生的事情。

二是心理上的接近性。某一类事实会引起某类人的共鸣，会在相同"社会类型"的人中引起共同的兴趣。比如，有关失业的救济政策，失业者会比非失业者更为关注；一种长寿之道，老年人会比青年、儿童更为关心……文化传统、生活习俗、社会地位、生活状况、兴趣爱好以及性别、年龄、职业等方面相同或相近的人，往往容易对同一新闻事实具有亲近感，因而特别关注它。

（五）趣味性

新奇的事实、富有戏剧性的事实、极具人情味的事实，对受众往往具有特别的吸引力。一般来说，奇闻趣事、曲折遭遇、感人事迹等都可归入此类。央视二套的早间节目《第一时间》里曾有一个板块叫"昨日之最"，选取的事实大都趣味性很强。比如，最有病的奖励、最"芳香"的污染、最好梦的工作、最飞跃的弹跳等，仅从标题看就能引起人们的好奇心和兴趣。

当然，对一个事实或者事物的意义和价值的考察可以是多方面的，在新闻价值的五个要素中，时新性是必备的，其他要素可多可少，当然，一个事实具备的新闻价值要素越多，要素的程度越高，新闻价值就越大，就越容易引起人们的广泛关注。

## 二、融媒体时代新闻价值取向的演变

融媒体时代，新闻价值取向发生明显变化，既有价值要素在内涵和外延方面均有所拓展，一些新的价值要素也正在形成。具体而言，新闻价值要素的演进与新变化体现在以下几个方面：①

（一）新闻价值要素的演进

1. "时新性"向"实时性"演进

数字信息技术的更新迭代，极大地解除了信息传播的时空限制，事实发生与报道刊发的时差越来越小，"时新性"正向"实时性"演进。融媒体时代，媒体越先发布新闻，新闻的时新性越强，越可能在新闻搜索方面占据有利位置。从搜索引擎优化角度看，融合新闻的采制对时新性的要求远远高于传统新闻，新闻生产以快取胜，报道在时间上应保证新鲜性；偏向追求极致的信息传递效率，满足新闻用户极速的信息获取需求。媒体为争取受众的注意力，总是争分夺秒，要求记者编辑在最短时间内发出报道。

---

① 董天策，杨雨蓉，季卿卿. 融媒体时代新闻价值取向的演变[J]. 青年记者，2022（9）：27-30.

可以这样说，"实时性"对标了"互联网时间"。门户网站、新闻客户端和新媒体等平台共同造就当今的信息传播速度及其文化。新闻信息发布呈现出实时刷屏态势，由此带来社会时间具有更强的"媒介时间"意味，打破了时空界限。当然，按《现代汉语词典》的解释，"实时"是指"与某事发生、发展的实际时间同步"，要真正做到实时，只有现场直播。大多数情况下，实时性是对人们高度重视时效性的表达。

2. "接近性"向"亲近性"演进

融媒体时代的新闻可以最大限度地满足新闻用户的个性化信息需求，实现场景化服务。它突破了机械的地域接近性束缚，得以全方位接近用户，近距离触碰用户的内心世界。融媒体时代不是彻底颠覆地域接近性，而是能够提供更为精准的地域接近性，使接近性在地域上成为一个可以变化的概念。融媒体时代的新闻，倾向于从体现人类情感的角度切入事实，表达方式上更具亲和力。社交媒体结合人际传播、大众传播和面对面互动的方式，打破了公众和私人、个人与专业之间的界限，并且深谙诉诸情感的传播之道。

社交媒体中的新闻业正在逐渐被一种亲密性话语主导，个人观点和表露自我是其关键特征。这与新闻业一直以来追求缓解私人与公众、个人与专业主义之间的紧张关系密切相关。新闻工作者的个人评论和观点蓬勃发展，新闻特写中的主观性与自我表露也推广了亲密性。在网络空间，个人成为比传统新闻生产者更重要的传播者，对新闻在私人/公共领域如何被感知产生了重要的影响。越来越多的人通过社交媒体的推送信息获取新闻，并通过社交媒体来理解新闻和讨论新闻，使新闻消费更像是个人的选择。新闻工作者的感召力和情感投入的驱动力作用正在凸显。

3. 趣味性意涵的广泛拓展

融媒体时代，媒体、平台敏锐察觉到情感在新闻传播中的巨大价值。大传播时代的把关机制，使得趣味性被"限定"在富有人情味和高尚生活情趣的范围内，社群化传播更多考虑群体化甚至个人化需求，势必使趣味性变得更加丰富多彩。

当然，在趣味性内涵和外延的拓展过程中，难免产生刻意迎合受众低级趣味的现象，使新闻向低俗、媚俗乃至恶俗的方向发展，这是值得警惕的。

(二)新闻价值要素的新变化

1. 实用性

融媒体时代，新闻价值要素的改变根源于新闻边界发生游移，新闻的外延不断扩展，更多的信息被泛化为新闻，比如服务信息、生活故事、身边琐事等。新闻价值取向的实用性越来越突出。

实用性新闻既不像重要性突出的硬新闻那样关系到国家大事、人类命运，也不像趣味性强的软新闻那样只带来当下的情感满足，而是可以带来立竿见影的现实利益的一种信息。实用性新闻能给受众带来的收益是多方面的，可能是股市行情带来有用的投资信息，可能是保健信息带来的健身方式等。

2. 话题性

融媒体时代，社交媒体上的新闻不再是一篇二维的图文结构，而是一个三维的讨论空间。新闻正文下方的评论区就是一个典型的讨论场所，受众自由地发表意见，同时发起话题讨论。一则新闻是否值得讨论，是否具有话题性成为衡量新闻价值的一种判断标准。

话题性一般是指话题本身是否值得讨论，是否具有热度，同时也指话题是否具有延伸性。有学者在研究奥运热搜榜时发现，不论专业媒体还是社交媒体，话题性都是新闻价值的数字化体现。如果说冲突性是发布者为"作为产品的新闻"预先设置的要素，那么延伸性则是"作为过程的新闻"在特定语境下具有的、能够被"建构"出冲突的可能性。融媒体传播中，话题标签成为过滤信息并参与社交媒体讨论的重要方式。

3. 易分享性

新闻消费的变化也反馈到新闻生产与传播过程中，可分享性逐渐成为衡量新闻价值的重要标准。随着平台媒体愈发成为新闻传播的重要渠道，其分享机制能使一条特定的新闻在短时间内获得大规模传播，通过人际网络的放大而触达更为广泛的受众，如果置于合适的传播机会与传播结构当中，就能引起如同"核裂变"式的传播效应。可分享或可分享价值，有时也称为社交性，指互联网中的信息能够引起他人在社交媒体上进行转发分享的特质。新闻在社交媒体被转发的潜力，会极大程度地影响编辑和记者的新闻价值判断与新闻生产决策，增加了特定新闻的选择权重。

新媒体生态下，用户的作用被放大。在对社交媒体用户的调查中，研究者发现通过社交媒体分享新闻已经成为新闻体验的"核心"，相比于社交媒体记者或新闻媒体，用户反映他们更容易从朋友和家人的社交分享中得到新闻的链接。社交媒体所遵循的价值是产销合一、连接性、病毒性以及志趣相投个体之间的信息分享，分享提升了新闻价值。平台的每一条新闻中，都附有各类社交媒体的分享链接，供用户轻松地将内容分享到他们的社交媒体。

4. 参与性

新闻的交互设计，社交媒体的普及都给受众参与新闻生产和传播提供了有效途径，受众的参与行为已逐渐成为新闻的有机组成部分。受众是否愿意参与，参与行为效果如何，已成为衡量新闻价值的测量维度。数据新闻的可视化能有效帮助受众解析复杂的议题，交互式图标又可以进一步激发受众选择和参与自己感兴趣的新闻部分，拉近与受众的关系。

对专业门槛较高的话题，媒体可通过共情化、碎片化、生活化来拉动受众的积极参与。虽然"共情"和"生活化"似乎与"接近性"有相似之处，但在社交媒体的传播过程中，参与性意味着更少的信息量和更多的互动量，旨在调动行为而非信息告知。

## 第三节　识别新闻事实的方法

世界是永恒变动的，而变动产生新闻，可见，事实的新闻价值正蕴含于这些运动和变化之中。因此，新闻事实的识别，不仅要着眼于事实本身，还必须着眼于事实的变动，着眼于这些变动与人们、与社会的关联程度。

衡量事实存在及其变动的主要因素有空间、时间以及内在构成要素及其关系，这三个方面自然也是记者认识事实、识别事实的重要尺度和方法。罗以澄教授指出，在新闻采写实践中，可以通过事实变动的范围与规模、顺序与次数以及过程与速度等三个方面把握事实的变动度，进而识别判定新闻事实。

### 一、事实变动的范围与规模

这是指事实变动的空间，也就是事实变动可能涉及的社会影响面。一般而言，事实变动的范围越大，规模越大，也就意味着变动的空间越大，那么，该变动的社会影响面就越大，关注的人就越多，新闻事实的价值也就越大。

关注事实变动的空间，一方面，要求记者善于把握事实变动的外在形态，即看其是否为涉及全局、整体的大事。比如每年的全国两会，事关社会发展和每个人的生活，自然备受关注。另一方面，要求记者善于把握事实变动的内在意义，即看似局部、微小的变动是否关联全局、影响整体。世界是普遍联系的，一个事物的变动可能波及其他事物，一个细微的变动可能导致重大的后果。比如 2003 年的孙志刚事件，该事件被认为是 2003 年的标志性事件，也是中国法治建设进程中的一个标志性事件。《楚天都市报》最先报道了这一事件，但并没有发表任何评论。《南方都市报》在 2003 年 4 月 25 日发表《被收容者孙志刚之死》，详细报道了对于孙志刚事件的调查情况，同时发表一篇评论《谁为一个公民的非正常死亡负责？》，评论中流露出对于一个普通公民之死的强烈悲悯，对于这一事件背后相关法律的强烈质疑，将"孙志刚非正常死亡"事件推到社会舆论的中心。2003年6月20日，温家宝总理签署国务院第381号令，公布实施《城市生活无着的流浪乞讨人员救助管理办法》，22日该管理办法正式向社会公布，实施了21年的《城市流浪乞讨人员收容遣送办法》也由此寿终正寝。"孙志刚事件"是典型的新闻媒介激发并引导受众讨论，最终推动政治变革和司法体系完善的例子，媒体的跟进与参与是旧的收容遣送办法遭废止的重要因素。

### 二、事实变动的顺序与次数

这是指事实变动出现的时间顺序与频率。一般而言，最先发生变动的事实以及变动频率低、次数少的事实，新闻价值相对更大。

为此，记者应关注事实变动的时间，一方面，要求记者善于把握事实变动中出现的新情况、新状态，注意挖掘"首变"事实中的新闻价值；另一方面，要求记者善于把握事实变动中存在的独特之处，注意挖掘"独变"事实中的新闻价值。比如，就案件报道而言，可以关注新的类型案件、新的法律法规出台前后法院审理的首例案件、同类案件中最典型的案件以及社会上发生的奇特案件等。2011年5月1日，《刑法修正案（八）》正式实施，首次对醉驾入罪。5月9日晚，高晓松因酒后驾驶，造成四车追尾。最终，高晓松以"危险驾驶罪"被判拘役6个月，罚款4000元人民币，高晓松也成为因醉驾被判刑的名人中的第一人。该案件是新法实施后的首例案件，与之前、之后的醉驾案件相比，自然具有更高的新闻价值，因此，很多媒体都结合新法实施对该案件进行了报道。

### 三、事实变动的过程与速度

这是指事实变动的内在构成要素及其关系。一般而言，事实变动的内在关系与过程比较单一，变动的速度比较快，其新闻价值就比较明显和外露，也比较容易被记者捕捉。相反，事实变动的内在关系复杂，变动过程长，变动速度比较慢，其新闻价值就比较隐蔽，不容易被识别，这也就需要记者具有更多的新闻敏感性。因此，记者要善于根据事实变动的头绪简繁、过程的长短以及速度的快慢，对新闻事实进行识别以及价值进行判断。

2022年8月18日，江西省高级人民法院依法公开开庭审理劳荣枝涉嫌故意杀人罪、抢劫罪、绑架罪上诉一案，引起社会广泛关注。全国各地每天开庭审理的案件很多，但不是所有的案件都值得报道，劳荣枝案牵涉7条人命，时间跨度超过 20 年，社会关注度很高，是具有较高新闻价值和典型意义的案件，二审期间，央视及《人民日报》《法治日报》《南方周末》等众多媒体都对该案进行了连续报道。其中，《南方周末》刊发了一篇题为《劳荣枝案外：被遮蔽的另一个故事》的报道，关注案件被害人"小木匠"陆中明遇害后，其妻儿的生活。该报道将关注新闻人物的时间线拉长，反映出这桩大案背后那些遭遇无妄之灾、人生彻底改变却被喧嚣遮蔽的故事，挖掘出这一案件中蕴含的与众不同的新闻价值，报道出来后在民众之间引起很大反响。

# 第五章　融媒体时代新闻采访的选题

选题确定是新闻报道的起点。它是指确定新闻报道中的人、事、物作为材料对象。选题的确定可为之后的采访活动奠定基础，好的选题是新闻报道成功的基础和关键。

在融媒体视域下，新闻选题的范围和空间都有所扩大，一方面网络社会为媒体提供了众多形式和内容的选题资源，另一方面资源过于丰富也为媒介进行选题确定带来了选择困难。

## 第一节　采访选题确定的原则

所谓采访选题，指的是新闻采访的主题，即新闻采访活动的具体对象，它涉及采访针对哪些人、哪些问题以及什么角度进行采访的问题。选题确定是一个从无到有，为报道确定具体目标的过程。大众传播媒介囿于版面、空间、时段等资源的限制无法做到"有闻必录"，因此在面对新近发生的事实时需要进行取舍，实施选题确定。

在融媒体环境下，互联网为媒体提供了众多报道形式和内容资源，造成选题确定的困难。在这种背景下明确选题确定的基本原则就变得格外重要。

### 一、客观真实与主观判断的辩证统一

客观真实、准确可靠是新闻报道的生命。坚持实事求是、如实反映客观事实是新闻的第一原则，也是作为新闻记者的首要职业道德要求。无论何种形式的新闻报道都要以客观事实为依据，以真实为前提，不能听信传闻谣言不加证实进行报道，更不能伪造事实。融媒体时代，信息内容、传播渠道、传播方式呈现指数级增长状态，为了博人眼球，充斥着大量虚假、夸张内容。在这样的环境下，专业新闻记者在选题确定时，应该对信息资源的客观真实性进行辨别，做到采访对象真实、新闻现场真实、事情始末真实，保证内容的客观真实准确。

采访选题来自现实生活，来自客观存在的新闻事实，但是新闻报道作为一种特殊的社会认识活动，选题的确定又伴随着新闻记者的主观思想判断，是客观事实与新闻记者主观思想认知水平相结合的结果。新闻记者对于社会热点问题的判断、自身的思想和认知水准能力都决定了选题确定的优劣。融媒体时代，对新闻事实采用平铺直叙的报道方式无法吸引受众，选择有价值的报道角度确定选题才能赢得受众。

2006 年 11 月，中非合作论坛在北京召开，非洲 48 国的国家元首、政府首脑、国家代表齐集北京。对这次重大的国际会议，我国新闻媒体分别以不同选题进行了规模庞大的报道。有的围绕会议的状况、日程、领导人的活动运用了消息、特写、花絮等新闻体裁进行报道，内容简短，发挥媒体作为信息总汇的作用；有的从平民化的视角进行报道，以平民化的视角观察和审视被采访对象，以平常心态与被采访者谈话、交心，拉近与被访者的距离，走进他们的内心世界；有的报道是从人文内涵的视角进行的。在大量的盛赞中非论坛成功举行、中非友谊、中非合作和发展的报道中，南方周末却突破了传统的会议新闻角度，提出自己独特的视角，发出疑问，使读者眼前一亮，对于中非论坛以及中非关系有了更加全面和深入的认识和理解。①

## 二、新闻价值与新闻政策的辩证统一

### (一)新闻价值的再认知

采访选题的确定要讲究新闻价值。所谓新闻价值，就是指凝聚在新闻事实中的社会需求，就是新闻本身之所以存在的客观理由，它包括时效性、重要性、显著性、接近性以及趣味性等几个基本属性。新闻价值的大小决定采访选题的质量高低，也是新闻记者确定选题过程中最重要的考虑因素之一。融媒体时代因受到技术因素影响，人们对新闻价值的认知也正在发生变化。

1."实时性"传播正成为现实

技术发展对媒介传播最直接的影响就是不断缩短人类时空的距离，数字技术极大地解除了信息传播的时空限制，新闻事实发生和新闻报道产生之间时差正在越来越小，"时效性"正在向"实时性"演变。

随着手机功能越发强大，各类应用软件操作难度降低，新闻工作入门门槛降低，新闻工作正在从专业化向业余化转变，进入群众记者的时代。当新闻事

---

① 崔华超."中非合作论坛"新闻报道角度分析——兼论新闻报道角度的选择[J].河北广播电视大学学报，2007(1)：63-65.

件发生时，群众记者们首先通过他们的方式对事件进行记录和报道，能够实现信息的实时传播。

融媒体时代，信息爆炸，信息之间都在竞争有限的受众，媒体越先发布新闻，新闻价值就越高，就能在搜索方面占据有利位置，因此融媒体新闻对于时效性的要求远远高于传统新闻，请看以下案例。

### 新技术助力两会报道，央视网系列 VR 产品为网友提供全新视听体验①

央视网将 VR 全景技术贯穿于全国两会全程报道，集 VR 视频、VLOG、VR 图集、手绘图解多样态形式于一体，让网友沉浸式体验两会现场，全景式感受新时代中国的发展变化。

1. 抢眼！VR VLOG 速览政协新闻发布会。3 月 2 日，全国政协十三届二次会议新闻发布会召开，两会时间正式开启。央视网推出《VR VLOG｜一分钟速览全国政协新闻发布会现场》，打破传统视角，以快慢相间的移动延时画面和创意转场特效打破传统视角，为网友呈现了记者排队入场、发布会忙碌场景、发言人亮相等画面。多场景、快节奏切换的 VR 视频配上现场同期声和快节奏的配乐，辅以发布会现场精彩文字内容，形成一条有临场感的两会新闻 VR VLOG 播报，助网友快速获取发布会"干货"。

2. 创新！首用"VR AR"推出《全景沉浸看报告》。央视网首次在主题主线报道中运用"VR AR"，聚焦 2019 年政府工作报告中主要议题，提炼重点数据进行解读，在 VR 实景视频的基础上，在真实场景中糅合进三维动画，辅以李克强总理同期声，对政府工作报告进行生动具象的可视化展现。新形式、新技术给用户带来前所未有的"沉浸式"体验。

3. 融合！VR 漫游等创新产品聚焦两会热点。央视网《VR 全景｜"通"民心"道"信心》《VR 漫游｜街里街坊看两会》《VR 融媒体｜奋斗路上》等三大主题系列报道，追两会声音，追两会故事，多角度多样态呈现会场内、外报道。

……

---

① 人民网. 新技术助力两会报道，央视网系列 VR 产品为网友提供全新视听体验［EB/OL］.（2019-03-11）［2023-10-20］. http://media.people.com.cn/BIG5/n/1/2019/0311/c14677-30970240.html.

此外，央视网 VR 系列报道还将视角跳出大会堂，紧跟总书记下团组重要讲话和两会记者会主题，将 VR 视角放往全国各地。第一时间推出《雪未融 春已到 岱海正复苏》等在内蒙古库布其沙漠和甘肃省博物馆拍摄的 VR 全景视频，让网友直观感受各地发展现状和成果。

### 2. 有温度的新闻越来越多

融媒体新闻能够最大化满足受众个性化需求，实现场景化服务。它突破了空间地域对于接近性的束缚，全方位接近用户。媒介技术虽然不能真正颠覆地域接近性，但能够使这种接近产生变化，即地域的远近并不代表无法接近新闻现场，接近性正在从地域距离演变为用户心理距离。融媒体新闻倾向于从人类情感角度切入事实，表达方式更具有亲和力，更注重将情感寄于内容的表现手段。

自媒体是融媒体时代新闻行业重要组成部分。自媒体中个人观点和自我表露是其重要特征。这与传统媒体与受众之间形成的大众化和专业主义明显不同。自媒体新闻工作者对事件发表的评论和观点，是一种主观性的自我表露，这就与特定人群形成了较强的亲密感。网络社会中，越来越多的人通过自媒体推送来获取新闻信息，并通过自媒体来理解和讨论新闻，《火神山医院"慢直播"为何火了?》一文就充分体现了这一特征。

## 火神山医院"慢直播"为何火了?①

2020 年 2 月 2 日，经过 10 天日夜酣战，武汉火神山医院正式交付使用，雷神山医院项目也进展迅速。在此期间，央视频对火神山医院和雷神山医院建造过程进行了慢直播，超 9000 万网友化身"云监工"，共同见证了"中国速度"。

......

这次慢直播为何会吸引 9000 多万"云监工"? 中国传媒大学新闻学院教授、新闻学专业主任方毅华表示，首先，大众需要对这种重大公共卫生事件的参与感；其次，观看直播可以让观众把无法完全理解的公共事件浓缩到相对易懂的一系列符号当中，比如给叉车、挖掘机起名小黄、小蓝

---

① 人民网. 火神山医院"慢直播"为何火了 [ EB/OL ]. (2020-02-04) [ 2023-10-12 ]. http://media.people.com.cn/BIG5/n/1/2020/0204/c40606-31569470.html.

等，实际上消除了网友内心的不安情绪。中国社会科学院新闻与传播研究所网络新媒体研究室主任、研究员、教授、博导孟威则从"新闻之道"的角度出发，解释了此次慢直播吸引千万人观看的背后秘诀：新闻之道，在于求真。呈现过程真实有助于连接事实与逻辑，最大限度逼近真相。这是"慢直播"引人入胜的主要原因。疫情紧迫使信息的新闻性增强，但信息供给有限、不确定性明显。"慢直播"所带来的自主参与体验，是"单向传播"和"选择性传播"不能比拟的，在环境、流程、细节、语言甚至动作上使真实变得触手可及。

#### 3. 趣味性意涵的广泛拓展

趣味性指的是新闻所具备的新颖的特征，让用户感受到乐趣从而产生吸引力。趣味性表现为新闻与用户在心理和情感上的共鸣关系。"当'公民新闻'将它们的故事性、趣味性与民间智慧结合在一起，加上丰富多彩的发布形式和互动形式时，传统新闻媒体在这方面的努力就显得相形见绌。在这个问题上，人民的智慧和想象力总是无穷的，而新闻媒体则总是苍白的。"①传统媒体受到用户群体限制对内容趣味性有所限制，而自媒体更多考虑个性化需求，势必会让趣味性变得更加丰富多彩。

（二）新闻价值与新闻政策的统一

新闻价值是确定采访选题的重要尺度，但新闻记者确定选题前在考虑新闻价值的基础上还要考虑新闻政策，即要符合我国新闻政策的规定和要求。新闻具有阶级性，任何新闻媒体都与一定的阶级、集团或者政党相联系，也必然受制于一定的阶级、集团或者政党的意志，为其实现政治经济目的而服务。新闻的阶级性也决定了绝对化的新闻自由并不存在。因此，除了新闻价值是选题确定的重要因素以外，新闻政策也起到了非常关键的作用。

---

① 刘冰. 融媒时代新闻价值新思考[J]. 编辑之友，2015(1)：60-63.

新闻政策在新闻工作中往往以法律和法规的形式来予以体现。世界各国都制定符合自身国情的新闻法律法规来对新闻业加以管理。我国至今还没有制定新闻法，但是相关的新闻法规比较健全，特别是近几年针对新媒体环境出台了一系列法规，如《网络出版服务管理规定》《移动互联网应用程序信息服务管理规定》《互联网广告管理暂行办法》《互联网直播服务管理规定》和《互联网信息服务管理规定》等。新闻记者在确定选题时既要看其是否具有较高的新闻价值，又要考虑是否符合党的新闻政策，这是新闻党性原则的具体体现，否则要么违背新闻传播规律失去新闻受众，要么不符合新闻政策造成不良的社会影响。

### 造谣"军车进京"6人被拘，16家网站被关

2012年3月以来，一些不法分子在互联网上无端编造、恶意传播所谓"军车进京、北京出事"等谣言，造成恶劣社会影响。北京市公安机关迅速展开调查，依据有关法律法规，对在网上编造谣言的李某、唐某等6人依法予以拘留，对在网上传播相关谣言的其他人员进行了训诫。

根据《全国人民代表大会常务委员会关于维护互联网安全的决定》《互联网信息服务管理办法》《互联网信息服务管理规定》等法律法规，国家互联网信息办公室责成有关地方网络管理部门进行严肃查处，电信管理部门依法对梅州视园网、兴宁528论坛、东阳热线、E京网等16家造谣、传谣、疏于管理造成恶劣社会影响的网站予以关闭。

针对新浪和腾讯微博网站集中出现谣言，违反国家有关法律法规，造成恶劣影响的问题，北京市和广东省互联网信息管理部门分别对两个网站提出严肃批评，新浪微博和腾讯微博于3月31日上午8时至4月3日上午8时暂停微博评论功能，清理后系统再行开放。

北京市公安局有关负责人表示，利用互联网编造、传播谣言的行为严重扰乱社会秩序、影响社会稳定、危害社会诚信，公安机关对此将依法查处。希望广大网民自觉遵守法律法规，不信谣、不传谣，发现谣言及时举报，共同维护健康的网络环境和良好的社会秩序。①

---

① 佚名. 传播网络文明 做理性网络公民［EB/OL］. （2008-01-13）［2023-10-23］. https://max.book118.com/html/2018/0113/148613027.shtm.

### 三、人民群众需要与媒介定位的辩证统一

我国新闻传播事业的宗旨是为人民服务，满足人民群众对信息文化的需要是媒介的重要任务，也是媒介信息传播功能的重要体现。但是人民群众的需要是多种多样的，而媒介服务却是有限的，任何单一媒体都无法完全满足多样化人民群众的需要，因此新闻记者在确定选题过程中除了考虑人民群众需要以外，还要着眼于媒介自身定位。

媒介定位就是媒介满足社会哪些人群的需要，满足他们哪方面需要以及如何满足这些需要的问题，它是媒介形成自身风格占领市场的一种策略。媒介定位会直接影响到媒介宗旨、编辑方针、内容选择和表现方式等一系列问题，也是媒介之间表现出差异和个性化从而能在激烈的媒介市场竞争中脱颖而出的原因。融媒体时代媒介定位展现出其新的特点，主要表现在以下几个方面：

（一）行业结构定位：单一媒体向融媒体转变

媒体行业结构定位是指媒体行业具体业务组成形式和分工。媒体行业结构在其建立之初已经确定，在传统媒体时代，媒体之间界限较为分明，纸类媒体、广播电视类媒体和网络媒体之间各司其职，每一类媒体都有自身优势和相对固定的受众及使用场景，行业结构形成三足鼎立形式。但进入互联网"下半场"之后，随着以互联网为基础的新媒体异军突起，原来平衡的行业结构被打破，纸类媒体和广播电视类媒体衰落的趋势已成为必然。这两类媒体欲想在竞争激烈的媒介市场中生存必须对业务进行调整，利用原有媒介优势拥抱新媒体融入新媒体成为其唯一出路。因此，整个媒介行业的结构定位也随之发生变化，由原来的单一形式媒体转变为融媒体。

（二）用户定位：大众向个体转变

受众指在传播过程中的另一端的读者、听众与观众的总称。受众这个概念，往往含有被动的意思，伴随着大众这个概念而生，受众是大众置于大众媒体之时的特定形态。传统媒体受到版面、时段等资源的限制，无法实现定制化需求的满足，只能满足绝大多数人需要，大众定位也就由此产生。新媒体时代一方面原有的资源限制已经不存在，另一方面随着人工智能技术的发展个体需要得到满足已经完全可以实现，媒介定制化服务已成为趋势。随着信息传播对象的主动性越来越强，原来的"受众"称谓也不合时宜，而用"用户"来表达更符合时代特征。融媒体时代用户定位正在从传统媒体时代的大众向个人定制化转变。

(三)风格定位：单一到多样的转变

媒介的风格定位是指在锁定目标用户之后，为满足和吸引目标用户，其在内容选择和表达方式上贴合用户，形成自身的风格和特色，从而能在媒介竞争中占有一席之地。传统媒体时代由于目标用户以群体呈现，因此媒体在形成风格过程中，其表现形式和方式较为单一。融媒体时代目标用户以个体方式呈现，个体对内容需要呈现多样化个性化特征，这就要求媒介由单一风格向多样化风格转变。

# 第二节　采访选题确定的方法

确定采访选题，是新闻采访活动实施过程中要解决的一个重要问题。选题定不下来，采访活动就无法进行。选题确定对了，采访活动就有了明确的方向和目标，采访就会顺利些；选题确定错了，采访就会遇到困难和挫折，甚至造成采访失败。

## 一、采访选题确定的方法

(一)从有特点的事实中确定采访选题

特点是事物的个性，是其区别于其他事物的特殊性。新颖性是采访选题确定的重要因素之一，也是选题是否具有吸引力的关键。在网络信息爆炸时代，要想在信息竞争中脱颖而出，必须使选题有足够的特点和新意。从特点中确定新闻选题，需要新闻记者有足够的洞察力和分析能力，能在大量的新闻线索中发掘具有特点和新闻价值的内容。《"见字如面"23年》就是一篇非常不错的好选题。

### 为何《"见字如面"23年》能获中国新闻奖文字通讯一等奖①

年关将至，春运等相关报道又一次被提上日程，报道选题创新也让不少新闻人烦心，如何让周期性主题报道写出新意？发表于2017年3月18日工人日报的《"见字如面"23年》这篇新闻通讯就写出了新意。这篇新闻作品，由记者康劲撰写，获得了第二十八届中国新闻奖文字通讯一等奖。

---

① 陈安庆，叶洁. 周期性主题报道如何写出新意[EB/OL]. (2021-01-29)[2023-10-12]. https://www.sohu.com/a/447446594_375507.

这篇获奖通讯作品通过一对平凡夫妻23年共同写下的"家庭日记",在聚少离多和牵肠挂肚的叙述中,在"见字如面"的纯情家风里,传递着深远的情感,不仅感人至深,而且让我们觉得耳目一新。

1. 精心选材,善捉活鱼

《"见字如面"23年》是一篇透着人气和精气神的文章,选取老百姓身边最接地气的题材,"客运三代"、一个家庭23年日记留言的坚守与传承,引发了社会强烈共鸣。

据了解,2017年2月14日,记者在兰州火车站采访时,获知兰州铁路局兰州客运段的一对双职工——李全忠、任亚娟夫妇和自己的女儿，刚刚在站台短暂团圆了 37 分钟。而一家人"筹划"这次相见的方式居然不是通过手机或者微信，而是用家中的"留言本"断断续续写下的几条留言。进一步了解后得知，这种"见字如面"的情感交流，一家人已经坚持了 23 年。"巧遇"来的线索，引起记者极大的兴趣。

当然，采访之路并不顺畅，记者登门采访，与受访者心连心，面对面，深入交谈，挖掘采访背后的故事。该报道发出后几天阅读破百万，在数月时间读者转评不断，被点赞为最能代表普通中国人的爱情故事、展现平凡职工情感的"最美留言"。

2. 举重若轻，守正出新

……

4. 全媒传播，扩大影响

据了解，2017 年 3 月 18 日，该报道刊发后，受到了读者的强烈反响，工人日报微信、微博和客户端几天内的阅读量突破百万，此后数月的时间里，网络上的阅读、转发、评论持续不断，读者的留言超千条，被点赞为最能代表普通中国人的爱情故事、展现平凡职工情感的"最美留言"。

### (二) 从具有"典型性"的事实中确定采访选题

具有典型性的事实指的是既具有能够代表一般问题的事件，又能够集中、突出反映该问题的事件。典型性事实要具备普遍性和重要性才能具有较高的新闻价值，因此，如何在众多雷同的新闻线索和事件中选择"典型性"事件进行报道是确定采访选题的重要环节。

典型性事实具有正面性和反面性。在我国社会生活中正面反映社会进步的典型性事实应该是报道的主流，但也要充分考虑典型性事实中的普遍性和特殊性，在报道过程中要把握分寸，防止过度报道产生的负面效应。

在以正面报道为主的同时也不能忽略从反面典型案例中确定选题。新闻媒介具有舆论监督的责任，发现问题进行批评性报道也是不可缺少的。但是从反面典型事实中确定选题，新闻记者一定要有严谨的态度，应注意报道的度，考虑报道后可能产生的社会影响。

2014 年 12 月 10 日 17：20，上海市高院副院长、司改办主任邹碧华突然辞世。11 日上午，最高人民法院司改处处长何帆通过微信、微博发表了悼念文章《别了，碧华兄》，短时间内获得了 4000 多的阅读量，并在朋友圈获得大量转发；随着邹碧华同事、亲友、学生及律师团体等各种自媒体的传播，两天时间里，10万多网友留言讨论并逐步形成网络热议的"邹碧华现象"；14日上午10时，上海龙华殡仪馆一号大厅，有近2000人自发参与了送别仪式；17日，人民日报在显著位置刊登了长篇人物通讯和评论，追述"燃灯者邹碧华"的典型事迹；2015年1月6日，中共中央总书记习近平做出重要批示，高度评价了邹碧华同志的先进事迹和崇高精神；随后，各主流媒体在宣传部门的统一部署下，开展了一轮宣传与报道，邹碧华成为近年来司法系统涌现出来的在全国范围内影响最大的典型人物。

在综合分析邹碧华身上所具有的特质之后，我们发现新时期典型人物只有具备如下特征，典型报道才能顺应民心、深入人心：第一，典型人物的个体奋斗与时代进程相一致；第二，典型人物的个体特质能呼应民间的焦虑与关注；第三，典型人物的品质既能引领主流价值，更能承担起当下时代所需的精神指引责任。只有符合以上三点，才能解决典型宣传曾出现的主流舆论场与民间舆论场不相匹配的难题，才能弥合民间与官方两个话语系统的裂缝。上海市委宣传部与上海市高级法院面对邹碧华突然辞世的消息，敏锐地发现这个人物之所以能在网络上引起这么大的反响，就在于这个人物符合以上三点，因此在网络自发讨论刚刚发酵后，就主动引导，并组织主流媒体开展大规模报道。①

**(三)选择最佳的报道角度确定采访选题**

新闻报道角度指的是记者把握事实的着眼点。任何新闻事实都是多元的，都可以从不同角度对问题进行认知，角度不同对事物的认知也会产生不同。新闻记者要选择最能体现其报道初衷和具有新闻价值的角度，从中考虑新闻选题。

## 二、新闻选题的来源

**(一)从社会热点难点中找选题**

社会关注的热点难点事件是新闻选题的重要来源。社会在发展过程中都会遇到各类问题，这些问题是广大人民群众最关心的基础问题，近年来环境问

---

① 徐玲英. 新媒体环境下典型报道的方法和意义——从邹碧华典型案例报道说起[J]. 新闻战线，2018(14)：74.

题、教育问题、社会保障问题和农村发展等关乎民生的问题受到广泛关注。因此，从这些高关注度的社会热点难点事件中找选题一方面能够引起社会的关注，另一方面也体现了我国媒体"全心全意为人民服务"的宗旨。

要从社会热点难点中找选题需要记者能够走近群众，深入群众，知群众所难，了解群众所需。新闻工作不是高高在上的亭台楼阁，而是最接地气的工作。融媒体时代随着人工智能技术的广泛应用以及社交媒体快速普及发展，通过大数据分析了解群众关心的热点难点问题成为一种简便且重要的方式。但同时也出现了许多记者过度依赖互联网新媒介技术，不再做实地调查忽略非网络人群的问题。有些记者从寻找新闻线索开始到选题确定、新闻调查采访、新闻写作以及最后新闻发布的全流程都是在电脑前完成的，可以说是足不出户做新闻，这样看似简单有效但实际脱离一线群众的做法很难找到高质量的选题，也写不好高质量的新闻。

(二)从重大议题中找选题

在社会重大议题中找选题，一方面借助议题本身的高关注度较易获得推荐和流量，另一方面重大议题涉及内容较多、范围较广，可供报道选择的素材角度丰富，也为好选题提供保障。近几年面对改革开放四十周年、中华人民共和国成立70周年、建党100周年、二十大召开等一些重大议题，从中央到地方各级媒体都在其中寻找相关选题和报道角度，做专题策划。

从近几年中国新闻奖媒体融合类获奖作品的选题分析来看，从重大议题中找选题已经成为各类媒体最普遍使用的方法。在庆祝改革开放40周年大会前夕，新华社全媒报道平台打通线上线下，推出重磅微视频《父亲·我们·时代》，并获得第二十九届新媒体互动创意版块的一等奖。作品以一幅37年前的油画《父亲》开启了故事的讲述，第一代改革者的子女们依次出现在镜头里，讲述父辈们勇于开拓创新的感人事迹，用"聊父亲"的方式勾勒出中国改革开放40年的奋斗图景。微视频将特效与真实画面叠加合成，画面从破败的小渔村出发，将40年深圳沧桑巨变在半分钟内淋漓展现，场景冲破时空限制，技术创新应用效果突出，微视频以其独特的视角、浓到化不开的情感取胜，视频在各大新媒体平台播发后，引发了网友集体向父辈的奋斗致敬的热情。第二十八届融媒互动版块一等奖的作品《军装照H5》，是由人民日报客户端为庆祝建军90周年而发布的，通过人脸识别和人像融合等技术，用户可以根据自己的喜好生成属于自己的军装照，实现在新媒体上的广泛传播，形成裂变效应，让用户在体验和分享军装照的同时，更增加了爱党拥军的情感，也让主流价值得到了更好的传递。第二十八届新媒体互动创意版块二等奖H5新闻《你收到的是 1927 年 8 月 1 日发来的包裹》，围绕军报内容进行二次创新，分为文字快闪与答题抽奖两部分，将我军的成长历程和重大历史事件嵌入到问答小游戏中，提高了用户参与热情，让他们在潜移默化中了解了我军的发展历程。[1]

（三）从大数据中找选题

融媒体时代是以智能媒体为代表的时代，大数据是基础。通过大数据分析，从数据中找选题已经成为智能媒体时代的重要方法。数据新闻，又叫数据驱动新闻，是指基于数据的抓取、挖掘、统计、分析和可视化呈现的新型新闻报道方式。数据新闻是随着数据时代的到来而出现的一种新型报道形态，是数据技术对新闻业全面渗透的必然结果，它的出现在一定程度上改变了传统新闻生产流程。[2] 数据新闻的出现增强了新闻的理性和客观性，在新闻叙事、事实判断、预测走向、信息定制以及提供问题解决对策方面相比传统的新闻更具优势。

作为一种新的新闻表现形式，数据新闻选题不同于传统新闻主要依靠记者的主观判断，而是基于机器进行智能化分析推荐再通过人机互动的形式形成最终选题。

---

① 闫娜. 中国新闻奖媒体融合类获奖作品研究[D]. 内蒙古师范大学，2021：11-12.
② 章戈浩. 作为开放新闻的数据新闻——英国《卫报》的数据新闻实践[J]. 新闻记者，2011(6)：7-13.

# 第六章　融媒体时代新闻采访策划

## "微缩"报道 创新叙事①

——《中国日报》获奖作品《英国小哥细数"两会"关键词》幕后故事

英国小哥因为侃两会火啦！《中国日报》融媒短视频《英国小哥细数"两会"关键词》传播量超过 5600 万，并且荣获第二十八届中国新闻奖二等奖。这个英国小哥为啥有这么大"魅力"？

开创主旋律宣传报道新的叙事手法。2016 年 3 月，《中国日报》推出以手机自拍形式呈现的首部视频作品《好运中国：英国小哥侃两会》，英国小哥方丹在视频中通过"一镜到底"的自拍方式解读与两会相关的大政方针，为主旋律宣传报道开创了新的叙事手法，成为多家媒体借鉴的范本……

形式新颖引西方主流媒体关注。该短视频在 2017 年全国两会召开前数月就进入策划阶段，创作团队从脚本撰写、创意呈现、技术支撑等方面制定了工作方案，并进行了多轮拍摄测试……

获得国内现象级传播效果。该短视频于 2017 年全国两会召开前夕在各大社交媒体平台《中国日报》账号上同步播发，取得突出效果，据不完全统计，有效传播量超过 5600 万次。2017 年 3 月 4 日晚，中央电视台新闻频道《东方时空》栏目报道方丹连续两年关注中国两会，并重点介绍方丹拍摄视频对中国两会的热词回顾，视频节目在黄金时间全片播发，进一步扩大了视频内容的影响力。包括人民日报、新华社、央视网、光明网在内的超过百家媒体对作品进行转载转发，据不完全统计，作品二次传播全网有效覆盖量超过 800 万次。

---

① 柯荣谊，张霄."微缩报道" 创新叙事——《中国日报》获奖作品《英国小哥细数"两会"关键词》幕后故事[J]. 网络传播，2019(3)：70.

新闻策划是媒体新闻报道的重要工作，是媒体的"大脑"和"核心竞争力"。尽管人们对新闻策划概念和理解存在一定的争议，但是其确实在新闻业务中发挥着统领作用。新闻采访策划是新闻策划的重要组成部分，自新闻行业产生以来，新闻采访策划就相伴而生。20世纪80年代以后，随着媒介市场竞争逐渐加剧，新闻采访策划的重要性开始被业界和学界重视，成为新闻采访工作的重要组成部分。融媒体时代下新闻采访策划的要求和重要性进一步提升，其理念也在发生着重大转变。

# 第一节　新闻采访策划的含义与作用

## 一、新闻采访策划的含义

### (一)策划

"策划"在《现代汉语辞海》中的解释为"积极主动地想办法，定计划，着重为使对方陷入被动，而暗地里出谋划(多含贬义)"，在《汉语大词典》里为"谋划，计谋"。"策划"最常使用的场景是在商业领域，企业策划、公关策划、产品策划和广告策划等商业策划是策划类学科的研究对象。通过对策划总结分析，其具备以下四个要素：

第一，强调主观能动性。策划首先强调的是人的主动性发挥，策划的成功，依赖于人的思维、智慧和经验等。

第二，具有较强的目的性。策划是为了达到一定的目的而设计方案、采取行动，具有明确的目标指向，在目标的指引下进行实践，落实策划方案。

第三，策划与创新紧密相连，在策划中强调创意，谋求创新。创新是策划的核心元素，而这种创新必须具有可行性，否则无法付诸策划实践。

第四，策划是对未来的计划、规划，及未来行动的谋划和安排。策划者对未来应有一定的前瞻性和预见性，能够科学地进行评估，对不断发生的新情况有一定的应变能力。

策划实践促使策划类学科产生和发展起来。新闻策划是新闻学与策划类学科交叉的产物，既含有策划的基本要求和特征，又体现了新闻行业本身的特点。

### (二)新闻策划

新闻策划虽然在概念上存有争议，但不可否认其具有与新闻活动相伴而生的特点，尤其是在改革开放以后，随着市场竞争的加剧，新闻策划的重要性被人们逐渐认识。在计划经济时代，我国新闻媒体主要体现其事业性的一面，作为党和政府的喉舌，其宣传报道计划主要根据上级指令、要求来拟定，很少考虑受众的需求，新闻功能比较单一，媒体主观能动性受到限制。改革开放以后，市场发展理念冲击着新闻行业和新闻工作从业人员，新闻理念、新闻机制和新闻运作都面临深刻的变革，新闻市场要求新闻从业人员能够充分发挥主观能动性、创新性，满足受众的需要，争取媒体在媒介市场竞争中的主动权。另外，改革开放以后，新闻从业人员的知识结构也得以改变，创新和求变的能力增强，策划理念和方法随之引入新闻业务领域。

对于新闻策划含义和概念的理解，不同学者有不同研究角度和表达，但具有代表性的主要有以下四种：

第一种，把"新闻策划"定义为"新闻报道策划"，即以事实为基础，对报道时机、报道手段、报道艺术等所做的规划设计。如陈瑞昌的定义："新闻策划是媒介依据客观存在的新闻事实，而对报道活动进行统筹安排、周密部署，提炼报道主题，确定报道重点、角度，选择报道方式、途径的能动性及创造性的劳动过程。"[1]

第二种，"新闻策划"即"新闻媒体运作策划"，策划活动贯穿于整个新闻活动中。如蔡雯的定义："新闻媒体运作策划是对新闻传媒生存发展的战略规划，包括对传媒的受众定位，经营方针，产品(通讯社、新闻、报纸、杂志、广播电视节目等)设计、制作与营销，广告经营、员工构成、内部管理、资产资金、技术设备以及传媒的其他类经营活动和社会活动等进行统筹和规划。"[2]

第三种，"新闻策划"是广告策划、公关策划、经营策划等的集合。

第四种，"新闻策划"即"新闻事件策划"。如曾伯炎所下的定义："媒介不满足于守株待兔式地捕捉新闻，而是利用自身的影响，围绕某一主题进行一系列活动，从而制造新闻，取得轰动效应。"[3]

这四种定义中，第一种定义把策划对象界定在新闻业务实践领域，是对新闻策划的微观理解。第二种定义把策划对象界定在整个新闻活动过程中，是对新闻策划的宏观理解。第三种定义是对新闻策划泛化和扩大化解释。第四种定义作"策划新闻""制造新闻"理解，与新闻基本原则相背离，完全是对新闻策

① 陈瑞昌. 我看新闻策划[J]. 新闻记者, 1997(1): 24.
② 蔡雯. 对新闻策划的再思考[J]. 新闻战线, 1997(9): 30-32.
③ 曾伯炎. 新闻岂能导演——"新闻策划"刍议[J]. 新闻界, 1997(6): 24.

划错误的解释。

基于以上分析，我们可以把新闻策划概念分为广义和狭义两个方面。广义的新闻策划指的是新闻传媒对新闻工作的整体策划。它包括媒介发展道路的策划、营销策划、队伍建设和内部管理策划、广告策划、媒体风格策划和定位策划等。狭义的新闻策划指的是新闻传播工作者在一定的时期内，为了达到某种传播效果，对具体的新闻事实的报道所作的设计与规划，它包括新闻主题策划、采访策划、传播形式策划等。

（三）新闻采访策划

新闻采访策划包含在上述狭义新闻策划概念之中。具体来说，新闻采访策划是指记者对将要采访的题材重大的新闻事实所作的事先谋划和筹划，包括报道主题的确定、采访对象和采访现场的设计、信息采集设备和信息获取方式、对新闻事件相关信息的发掘与取舍等。采访策划是传统新闻策划的主要内容，也是融合新闻前期生产的基础性工作。采访策划属于采访工作中的准备程序，是先于正式采访活动而实施的。

## 二、新闻采访策划的特点

从词义上来说，新闻采访策划是一个合成词，是由"新闻采访"和"策划"两个词组成，显示出新闻采访策划同时具有新闻采访和策划两方面的特征。新闻采访策划与其他诸如企业策划、产品策划、广告策划等具有不同的属性，它属于新闻传播学范畴，在强调策划的方法、内涵、要素时，要建立在符合新闻属性基本特征的要求和原则基础上。

新闻采访策划作为新闻传播学和策划学交叉研究形成的结果，在表达上其特点与策划学特点是相连通的，策划学为新闻采访策划提供了理论基础和认知方向，新闻传播学提供了其原则属性和方向。因此，在总结新闻采访策划特点的过程中应以策划特点为基础，结合新闻采访实践来论述。

（一）目标性

策划是一种有目的有意识的，充分发挥人的主观能动性的活动。新闻采访策划首先要有目标意识，确立要达到的目标，为后续的策划活动提供方向。新闻采访活动的目标主要是考虑新闻活动想要达到的效果。新闻效果主要包括新闻传播效果，其通常以收视听率、点击率等数字形式体现；宣传效果，其通常以是否扩大新闻宣传影响的规模，是否发挥新闻宣传舆论的导向作用等来体现；经营效果，其通常以新闻活动是否实现或达到了预期的经营目的来体现。新闻采访活动策划要在确定目标基础上围绕目标开展活动，并且采访目标也是衡量此次新闻活动是否成功的标准。

（二）创新性

创新是策划的生命，也是新闻采访策划的要义所在。新闻采访策划的创新主要表现在主题创新、采访内容创新和采访方式手段的创新。主题创新要求在采访过程中寻找具有新意的新闻事件，或者挖掘新颖的采访报道角度。采访内容创新指的是面对采访对象，采访的内容具有新意。采访方式手段创新指的是可以运用新技术新方法来帮助完成采访过程，使采访更具效率。

融媒体时代创新是新闻行业最重要的特点。随着技术的进步，以及整体社会信息环境的改变，新闻采访也必须适应新的环境。特别是在未来的智能媒体时代，随着人工智能技术的发展，许多常规性的新闻采访写作工作正在逐渐被机器所替代。采访主题方面，新闻记者要善于利用互联网和大数据资源进行主题筛选和分析；采访内容方面，注重事实的细节，从事物的细节方面入手考虑问题；采访方式方面，随着近几年技术的快速进步，网络沟通交流工具和信息搜索采集工具都有了发展，因此采访手段和方式变得极为丰富。

（三）可行性

新闻采访策划不是单纯的主观想象，是要落实到客观行动中去的，因此，在新闻采访策划过程中，要充分考虑可行性问题，要把新闻采访策划和新闻实践结合起来。新闻采访策划可行性直接决定了该策划是否能够得到有效落实，新闻记者要充分考虑现实条件和个人能力是否能够达到策划的要求和目的。

融媒体时代大大降低了策划可行性的门槛，在技术加持下新闻记者的能力得到了提升，在传统媒体时代看似无法完成的工作任务，在新的环境下却能够轻松完成。

（四）前瞻性

新闻采访策划是对未来活动的规划，在策划制定阶段需要考虑未来发生的情况，这就要求新闻记者要有一定的预见能力和应变能力。新闻记者在进行采访策划过程中要考虑新闻可能造成的社会影响，特别是遇到特殊的意外情况该如何进行处理等问题。2015 年 2 月中旬，发生在重庆的双碑嘉陵江大桥通车的报道就为不良报道，给社会造成不良影响。2015 年 2 月上旬，重庆建工集团双碑嘉陵江大桥项目部相关负责人，向重庆各大主流都市类等媒体的记者首次透露了大桥施工的最新进展等情况，并表态大桥将于春节前通行。于是，以重庆几大都市报为主体的各主流媒体，纷纷在重要版面"抢先"发布了该大桥通车的消息报道，并迅速被各大网站转载且广为传播扩散，使山城市民和有车族们无不知晓。就在稿件见报的当日（2 月 12 日），一早上班，重庆市委主管新闻媒体的相关部门负责同志，纷纷接到来自重庆市政府办公厅以及市城乡建委等相关负责人的"问责"电话，认为有关该大桥通车的新闻，连建设的主管机关都不知晓，是一起"虚假"的不实报道，要求立即查处参与报道的媒体以及相关责任人，各网站转载了该通车消息的，必须立即作删除处理，以减少扩散知晓范围。基于这起正面报道所引发出来的意外后果，重庆市政府领导无奈只得做出决定：介于通车消息的提前透露，加之春节临近，只好顺势依照媒体公布的通车时间提前通车，以确保节日期间重庆主城核心区域的交通畅通、市民的出行安全等问题。

（五）群体性

新闻策划是群体智慧的结晶，是一种群体活动，群体思维、群体创意、群体参与、群体认可，是策划顺利实施的重要保证。新闻采访活动本身就不是个体活动，它是集体配合进行的活动。成功的新闻采访策划背后一定是集体和团队的功劳。它一定需要团队集体多人参与，才能保障策划顺利完成。

（六）程序性

新闻采访是线性流程，是一项完整的、系统的工程，需要统筹规划，统一安排。新闻采访活动是程序性工作，每一步都有自己的要求和目标，只有每一步都能够顺利完成相应的要求和目标，整体新闻采访才能够成功。因此在采访策划过程中应该充分考虑到每项程序间的连接关系，做好统筹工作。

### 三、新闻采访策划的作用

新闻采访策划在采访活动中处于统领性地位，在采访活动实施前做好策划是决定采访活动能否成功的关键。新闻采访策划具有非常重要的作用。

（一）新闻采访策划能够整合资源，合理利用资源

正如前文所述，新闻采访活动不是个体活动，而是一个集体团队性活动，因此采访过程需要各类资源进行配合，以达效率最大化的目标。

媒体融合时代所要求的"一次采集、多元生成、多重分发"的生产模式就更加要求资源的充分利用和配置，使得新闻采访策划的重要性进一步提升。"一次采集"主要是针对传统的新闻媒体各自为政，对同一新闻主题不同形态媒体都要根据自身需要进行信息采集，多次采集导致新闻资源出现极大浪费。融媒体的"一次采集"指的是在新闻信息采集和采访过程中无论何种媒介形态只进行统一的采集，不再根据自身需要分别采集信息。各媒体不再单独设立信息采集部门，而是统一设置一个大的信息采集部门，其采集的信息供各媒体共同使用。人民日报的"中央厨房"理念就是基于这一设想而开展的。"多元生

成"指的是信息加工处理要多元化、媒体使用要个性化。"一次采集"所产生的信息内容是原始内容，没有经过加工和处理，各媒体在使用信息过程中应该根据自身的需要进行再次编辑加工，形成有自身特点的媒介内容产品。"多重分发"指的是在媒介内容产品产生以后，其传播渠道要多元化，各媒体之间相互配合相互引流，使媒体内容产品的影响进一步扩大。从以上不难看出，融媒体内容产品是一个多部门多媒体互相配合的过程，如何协调各自关系和任务，策划就显得非常重要。

融媒体时代新闻采访策划属于"一次采集"范畴，考虑到后面还需要进行的"多元生成，多重分发"，其在策划中要充分考虑各部门可能存在的采访内容要求，策划过程也需要各媒体部门参与其中，因此整合资源是融媒体时代新闻采访策划的前提条件。

(二)新闻采访策划有利于发挥媒体舆论引导的功能

任何新闻媒体都要承担舆论引导的任务，这是由我国新闻传播行业的性质决定的。服从党的领导、为我国经济建设服务、高扬主旋律是对新闻报道的基本要求。在重大题材报道方面，这方面体现得尤为明显。因此，新闻采访策划能够提高报道质量，多角度、全方面、新颖的报道形式能够改变传统媒体在实施舆论引导功能过程中出现的枯燥乏味无法吸引受众的问题。

融媒体时代媒介技术的发展提升了媒介舆论引导的能力。一方面，内容表现形式丰富极大地提高了吸引力。传统媒体舆论引导受技术传播形式的制约，只能采取"说教式"为主的传播方式，而融媒体时代其内容表现方式丰富多彩，动画、H5、互动内容设计等极大地吸引了用户特别是年轻用户。另一方面，信息传播方式也发生了改变。传统舆论引导主要依靠主流媒体单向传播，而新媒体内容在吸引用户的基础上主要依靠用户自主传播，通过社交媒体上的转发和分享这种"病毒式"传播，其内容传播速度和影响力更快更大。

(三)新闻采访策划是满足市场需要的重要措施

随着改革开放的深入，市场经济体制的建立和完善，媒体也面临着激烈的市场竞争。特别是进入新媒体时代之后，媒体更面临跨媒体竞争的局面。互联网时代，信息爆炸，用户所能付出的时间却有限，媒介之间对流量的争夺进入了白热化阶段。在这样的背景下，平淡无奇的报道方式或内容一定会淹没在信息海洋中无法被用户注意，因此，作为媒体只有加强采访策划，调动所有的资源，才能丰富报道的内容，创作出多角度、宽视野、多形式的新闻作品，在激烈的信息竞争中脱颖而出。

# 第二节　新闻采访策划的要求与方法

融媒体时代新闻采访策划的方式非常丰富，一方面可以根据不同的题材制定策划方案，题材报道策划有"热点"报道策划、"难点"报道策划、"疑点"报道策划和"冰点"报道策划。另一方面可以根据报道形式的不同设计策划方案，报道形式策划有典型报道策划、追踪报道策划、系列报道策划等。不同方式的新闻报道策划有不同要求和方法，在融合新闻环境下还有一些新的要求方法，本书主要以一般的新闻采访策划要求方法为基础，结合融媒体新闻采访策划的特点来进行阐述。

## 一、新闻采访策划的要求

### （一）要坚持策划报道"导向"的正确性

2016 年 2 月 19 日，习近平总书记主持召开党的新闻舆论工作座谈会并发表重要讲话，指出要适应国内外形势发展，从党的工作全局出发把握定位，坚持党的领导，坚持正确政治方向，坚持以人民为中心的工作导向，尊重新闻传播规律，创新方法手段，切实提高党的新闻舆论传播力、引导力、影响力、公信力。舆论导向问题是每个新闻从业人员时时刻刻不能忘记的问题，一般而言，正确的舆论导向主要是在新闻报道过程中坚持党性原则，体现党的意志，引导社会舆论积极向上，弘扬社会正能量，坚决抵制各种社会负能量。

新闻采访策划中的导向正确性，主要体现在新闻策划选题和内容的正确上。新闻选题符合党和人民群众根本利益，有利于整体社会进步发展的，则为正确的舆论导向，反之只为博取眼球和流量，置人民群众利益于不顾，对社会产生负面影响的选题为错误的舆论导向。选题决定了新闻报道活动的主体内容和方向，确立正确的选题和内容是保障舆论导向正确的前提。以新型冠状病毒疫情报道过程中主流媒体正面宣传为例，人民日报《李兰娟脸上的压痕》、央视网《疫情当前，女护士剃光长发准备上前线》等报道都从正面报道角度来宣传白衣天使牺牲自我的精神。在新媒体时代下，不论是主流媒体还是地方媒体，要使正面报道取得良好的传播效果，都应该努力提高宣传报道艺术。

### （二）要坚持策划"创意"的科学性

新闻采访策划最重要的特点在于其创造性，策划的核心也在于其创意。缺乏创意只能称为新闻采访计划而不能说是策划。要体现新闻采访策划的创意首先应该杜绝模仿，看到别人确定什么选题成功，我就模仿做这个选题，别人选择某个角度进行报道我也选择这个角度，这样的策划显然不能成功，而且会显得非常平庸。

策划创意强调新闻记者发挥自身主观能动性，体现自身能力，但创意也要讲究科学的精神，坚守实事求是的原则，而不是违背科学的胡思乱想。在新闻采访策划过程中，记者主观能动性主要体现在内容的选择、表现和评价方面，绝不是体现在策划新闻事实、导演新闻过程方面。2007年7月8日，北京电视台《透明度》栏目播出一期主题为"纸做的包子"的节目，内容为记者暗访朝阳区包子制作点，发现用废纸箱制作包子馅新闻，新闻播出后引起社会轰动和震惊。相关部门调查后发现，该报道完全是记者在获得一些传闻的基础上，捕风捉影自导自演"策划"的新闻。由此可见，策划创意固然重要，但绝对不能违背新闻活动的基本原则。

（三）要坚持采访策划"度"的把握性

新闻采访策划的"度"，指的是新闻采访各个环节的合理性和恰当程度。新闻采访过程中"度"的问题无处不在。采访时间、地点、对象以及提出的问题是否恰当，采到的素材是否能充分反映事实，新闻立意或者新闻价值的判断是否符合事实本身，采访方式是否易于受众所接受，采访时的社会环境是否成熟等一系列"度"的问题，有一处把握不当都将影响新闻报道的质量，甚至出现与新闻报道初衷相违背的结果。新闻采访对象一般是社会重大且受众关注度高的社会事件，对这些事件的报道和评论常常会引起社会的强烈反馈。新闻采访策划对于这些事件应充分考虑报道可能造成的社会影响并明确报道方式。

"度"的把握主要表现在采访的"时间度"，做到采访的时机恰当；采访的"浓淡度"，做到采访内容详略得当；采访的"疏密度"，做到采访的力度恰到好处；报道的"冷热度"，做到帮忙不添乱。"度"的把握还需要坚持一些基本原则，主要表现在：

把握好"度"，要"吃透两头"，上要透彻领会中央精神，下要清楚了解群众意愿。这是由我国新闻传播事业性质所决定的，一方面要充分领会党中央路线方针政策，善于提炼和总结能够在社会中发现与之相关的新闻事件，把事件作为选题进行报道，达到宣传弘扬的目的。另一方面要善于发现了解群众的需要和经验，做到让党和国家了解群众，确保党和国家与人民群众利益的一致性。

把握好"度"，要牢牢抓住新闻事实这一本质，在事物发展的总趋势上确保新闻采访报道客观真实。真实性是新闻的生命，事物表现的真实比较简洁、明了、直观，但本质真实却需要记者去发掘。新闻采访策划的目的就是为了能够挖掘到本质真实的信息，并把这种真实反映出来。

把握好"度"，要坚持"两点论"，防止片面性和绝对化。新闻采访报道对事物正面和反面、主要和次要、局部和整体、现实状况和发展趋势都要考虑到。过度强调一面，往往会弱化甚至否定另一面。如对事物正面肯定太多，会给人以完美无缺的印象，反面讲得太过，又会使人觉得一无是处。现实中一些反映经验成就的正面采访报道中，往往出现人为拔高现象，或是在采访报道中引用上级指示，贴上"价值标签"，或是使用"十分""非常"等主观意味很强的形容词，或是加上诸如"成效显著""具有积极促进作用"等结论性语言，这些都给人以武断、虚假的感觉。因此，在具体操作中应避免大话、空话、满话，反对绝对化，给自己和报道对象留有余地。采访报道先进人物、先进典型专拣好的说，缺点一点没有，个个"高大全"，这种以偏概全的做法带有很强的片面性，使报道内容脱离了现实，让人觉得不可信。事物是复杂多样的，多角度、多侧面地反映事物，采访报道才会真实可信，受众才会喜欢看。

## 二、新闻采访策划的方法

### (一)把握时机

融合新闻时代社交媒体的崛起，大大缩减了新闻的生命周期。在生活中每天的热搜和头条新闻变化非常迅速，往往是前一条新闻刚刚出现，后一条新闻已把它盖过去，新闻热度来去匆匆，很少有新闻事件能够长期占据热搜榜位置。网络社会对新闻信息的遗忘速度让人惊叹。在如此信息传播环境下，新闻记者如何才能够做好采访策划？

首先，要做到对新闻热点的快速反应。融媒体时代新闻记者需要有强烈的新闻敏感性，对于一些刚出现的新闻事件能够快速反应，领先他人一步看到其能够成为热点新闻的价值，从而第一时间跟进成为"第一个吃螃蟹"的人。这对新闻采访策划时间性提出了更高的要求。传统新闻采访策划允许记者有时间思考、协调各方面关系最终形成定案，但在新媒体时代，许多新闻热点的发生带有突发性和意外性，可供操作的时间非常有限。因此融媒体时代的新闻采访策划需要程序化、系统化、模式化，在事件发生后能够第一时间启动采访，节约反应时间。

其次，积极进行议程设置，掌握话语主动权。新媒体时代机构媒体往往会失去议程设置的主动权，会被网民"牵着鼻子走"，经常是网络已形成热点和舆情，机构媒体才跟进报道，较为被动。机构媒体要充分利用自身资源的优势，在信息竞争过程中争取议程设置主动权，特别是在重大新闻事件报道过程中要掌握话语权，积极引导社会舆论的发展和走向。

2020年突如其来的新冠肺炎疫情给我国人民生活带来了巨大的影响，国民经济也受到极大的冲击，人们都在关心受到疫情冲击后经济的恢复问题。在这样的背景下，杭州网抓住热点时机通过大数据的形式，制作 H5 的数据新闻《数看杭州复苏》，向市民展示杭州疫情以后的经济恢复情况。

《数看杭州复苏》通过对杭州交通数据全面解读和展示，从侧面反映了杭州城市整体复苏情况，直观生动的表现手法、易于传播的展现手段以及恰当的时机，最终使该数字新闻作品一出现，就在杭州人民的社交媒体中得到广泛传播。

（二）掌握分寸

新闻采访策划在选题确定、内容设计以及形式方法等方面都要有分寸。分寸的把握是决定新闻采访以及后续新闻报道的关键要素。

既要反映人民呼声，又要为工作大局服务。新闻采访报道不是为了追求轰动、追求眼球和流量，而是为了解决社会问题，推动社会发展进步服务，因此新闻采访报道在选题确定过程中要围绕关键性、全局性、倾向性以及社会关注度较高的难点热点问题进行报道，在满足人民群众需求的基础上也要符合工作大局。工作大局意识指的是在工作中要考虑整个社会国家的整体利益，符合整体要求。社会现实矛盾的反映是新闻采访报道非常重要的选题，而舆论监督又是新闻媒体的重要职责，因此批评性报道成为新闻报道选题的重要部分。批评性报道要遵循不添乱原则，不能一味迎合受众心理，要站在全局角度，有理、有利、有节地予以报道。如《焦点访谈》遵循"领导重视、群众关心、普遍存在"的选题标准，只有三者重合才能符合选题的要求。

合理合法，不感情用事。在采访报道特别是批评性报道过程中不能讲情，但是要合理合法。我国法制日益完善，说话做事必须合理合法。新闻媒体拥有批评报道舆论监督的权利，但权利的实施也要受到法律的限制。在新闻采访报道过程中，出现的侵犯名誉权和隐私权等现象都是这一问题的集中体现。

尊重宣传规律，更要尊重新闻规律。新闻工作主要表现为传递信息和舆论表达两个职能。新闻不等于宣传，宣传也不等于新闻。新闻工作需要满足宣传的要求，但更要符合新闻的规律。新闻需要尊重受众，只有受众感受到自己被尊重才会反过来尊重媒体，舆论引导的作用才能体现。因此不尊重受众的宣传反而会引起受众的逆反心理，不但没有起到正面的宣传目的，甚至还会起到反作用。

（三）扩大效果

新闻采访报道追求的目标是信息能够得到广泛传播，更多的受众能够接受理解信息，从而在社会上产生更大影响。融媒体时代新闻效果的实现主要是通过内容和表现形式两个方面来展开的。

内容方面，既要注重宏观报道更要注重细节体现。传统媒体在新闻采访选题确定过程中更注重宏观层面的报道，对于人们生活方面的细节较难做到面面俱到。新媒体受众信息选择面更广，更注重与其生活息息相关的细节。因此融媒体时代在内容选择方面需要更加细化，更加具体化，如此才能满足受众对信息需要，才能实现预期的传播效果。

在表现形式方面，随着媒介技术手段的不断丰富，综合形式的表现手段成为融媒体的特色。融媒体是以大数据、云计算等人工智能技术为基础，融合文字、声音、影像、图像、动画等多媒体表现手段于一体，并提供用户互动功能的综合性媒体形态。新闻记者应该充分利用融媒体在表现方面的优势，运用多种手段创作吸引用户的作品，提升作品的传播效果。

## 第三节　融合新闻采访策划的创新

融媒体时代随着新闻环境的变化、新闻理念的改变、媒介技术的提升以及内容表现方式的多样化，新闻采访策划面临着机遇也充满了挑战。融合新闻采访策划在执行传统新闻策划要求和方法的基础上，还需要面对变化进行创新，以适应新的发展需要。

### 一、策划形态创新

新媒体技术的发展为信息内容的传播展现提供了更多平台。不同于传统新闻采访策划主要针对单一媒体，融合新闻面对的是多平台多媒介形态。不同的平台都有自己的独特文本特点和呈现风格。面对这些各具特点的媒介形态，融合新闻采访策划需要更有针对性，更有特色。

（一）微博

微博（microblog）是一个基于用户关系的信息分享、传播以及获取平台，用户可以通过 Web、WAP 以及各类客户端组建个人社区，以简短的文字更新信息并实时分享。微博作为 Web2.0 时代最具代表性的社交媒体，擅长在社交生态中以简讯的形式发布消息。信息发布内容广泛，实时性极强，并且通过"病毒式"传播的方式，非常容易使新闻事件在短时间之内造成极大社会影响。

微博正在成为融合新闻采访策划选题和方式的重要来源。一方面，作为自媒体的代表，微博与人们的生活相关联，而新闻选题主要来自人们生活中关心关注的问题，因此微博正在成为新闻线索的重要来源。许多社会热点事件产生发酵都是首先在微博中反映，机构媒体跟进以后才产生了重要的社会影响。另一方面，在一些特殊环境中受制于客观技术条件，新闻记者不能及时获得消息，微博却能够成为重要的采访工具。比如在太空探索中，记者要对宇航员进行采访需要克服许多条件和困难，相关程序也非常多，利用微博直接与宇航员进行沟通，可以方便地获取第一手信息。

微博是机构媒介传播新闻产品的新方式。传统媒体一般都有自己定向的平台进行信息发布，新闻产品制作出来以后也主要是在定向平台上进行发布，这使得过去的新闻采访只要根据单一平台特点进行设计就能满足需要。新媒体时代微博成为机构媒体又一重要的新闻产品发布平台，因此在新闻采访策划中针对这一新平台形式需要设计有针对性的采访内容和表现形式。

（二）网络视频

当今，上千万用户生成内容（UGC）的生成者和消费者正在重新塑造人们传统的收视行为，作为Web2.0时代的代表，视频网站正在迅速发展。随着媒介技术的发展，视频网站内部也在不断分化，以抖音、快手为代表的短视频，以西瓜视频为代表的中视频，以爱奇艺、腾讯为代表的长视频网站各具特点，其面向对象、使用场景和内容表现形式也各不相同。视频网站迎合视觉时代文本形式要求的特点也给新闻采访策划提出了新的要求。

网络视频内容生产速度极快，可以有效满足对于突发性事件报道的需要。对于一些突发性事件，受众对于实时信息获取要求非常高，传统媒体是无法满足这种需要的，只有通过视频网站进行直播的方式实时采集新闻信息才能满足这种需要。2022年8月2日，美国众议院议长佩洛西窜访台湾，台海气氛非常紧张。8月2日当天佩洛西专机从马来西亚起飞以后，民众非常关注这架飞机的动向以及我国可能出现的反制措施。当天中国网开启网络慢直播，在无声音无运动画面的情况下，仅直播该飞机在地图上的实时位置变化，在三小时的直播过程中有超过1700万人同时观看，并在评论区发表热烈讨论。这样的传播方式充分发挥了视频传播速度快的优势，具有非常高的新闻价值。

网络视频内容来源多样化，草根性和专业性并存。网络视频网站具备自媒体特点，其内容一方面来自网友自身制作发布，另一方面也有许多专业机构媒体在上面发布内容，因此其表现出多样化的形式。在新闻采访策划过程中面对多样化的内容，需要进行有效的甄别，特别是在确定选题之前对视频网站所曝光的新闻线索的真实性和可靠性要进行确认，防止虚假新闻乘虚而入。另外，由于对事件的报道视频量非常多，需要媒体创新视频制作方式才能在众多视频竞争中脱颖而出。

网络视频用户互动参与性非常强，随着互联网社交理念的不断推进，更多视频网站增加了用户互动特色，鼓励用户积极参与，增强媒介用户体验。在新闻采访策划过程中要实时关注用户的体验和反馈，积极参与到与用户的互动过程中去，不能对用户的反馈不闻不问，并且在收到反馈意见以后还需要及时调整策略来满足用户需要。

（三）H5 新闻

H5，即 HTML5 的简称，是万维网的核心语言、标准通用标记语言下的一个应用超文本标记语言的第五次重大修改。H5 的目的是将互联网语义化，促使阅读简便化，并同时搭建一个更好的平台供媒体可以嵌入，它本身并非技术，而是标准，是一次具有革命性的科技创新。与上一代 H4 相比，H5 增加了绘图、动画、音视频、多线程、地理信息、本地存储、离线缓存、双向通道、语义化的标签元素等新功能，同时支持自适应、触屏、定位、体感等移动设备端功能，实现了更强的兼容性与开发便利性，为移动端新闻页面的多样化呈现提供了技术可能。一般来说，H5 新闻包含图文、插画、表格、动画和虚拟 VR 技术等，用户通过二维码或者一个链接点击进去，通过上下或者左右滑动屏幕，或者是摇晃手机、颠倒手机、点按屏幕来实现页面的切换，页面所展示的图、文、视频、音频、动画的配合使用显得新奇而有趣，因此被转发的可能性增强。H5 新闻可以实现新闻领域传播生产者的转型，它对固化的传统新闻传播形式进行了革新，将新闻领域的信息通过移动终端进行传达，加快新闻传播的速度，扩大新闻传播的领域，从而让新闻领域真正实现融合发展。①

---

①　王梓薇 . H5 在新闻报道中的创新应用研究［J］. 智库时代，2019（6）：266.

　　H5 新闻表达的多样性和趣味性特点为新闻采访策划提供了机遇和挑战。H5 新闻内容表达方式多样化，为采访策划提供了广泛空间，但同时也为策划提出了更高的要求。如何更好地综合使用这些手段方式展现内容，成为 H5 新闻采访策划的难点。

### 《快看呐！这是我的军装照》H5 案例分析①

　　2017 年八一建军节前后，由人民日报客户端推出的互动型 H5《快看呐！这是我的军装照》，在亿万网友的手机上成功"刷屏"，他们纷纷通过这个新媒体产品，生成、展示自己的虚拟"军装照"，表达自己对人民解放军的向往、崇敬和热爱。截至 8 月 7 日上午，"军装照"H5 的浏览次数(PV)累计突破 10 亿，独立访客(UV)累计 1.55 亿，真正成为一款"现象级新媒体产品"。

　　……

　　回顾"军装照"H5 制作、传播全过程，有这样一些关键点。

　　第一是创意。对我们来说，任何一个新闻产品创意，都要从导向是否正确、传播是否广泛、技术是否可行等方面分析判断。

　　第二是内容。我们必须保证 H5 中所使用的"军装照"原始素材的准确。幸好我们有人民日报强大采访力量的支持。报社政治文化部军事采访室共同参与 H5 制作，联系国防大学联合勤务学院研究人民军队后勤装备包括军服演变等的张磊老师，为我们提供军史知识指导，帮助审核素材。

　　第三是技术。"军装照"H5 中，最关键的一环就是将用户照片合成军人形象，提供技术支持的是腾讯旗下的天天 P 图团队。天天 P 图的人脸融合技术能够将用户上传的照片与特定形象进行脸部层面融合，生成的图片效果既有用户的五官特点，也呈现出对应形象的外貌特征。这其中，应用了人工智能技术的支持。……

---

① 余荣华."军装照"H5 为何能刷屏朋友圈[J].新闻与写作，2017(9)：78-79.

　　第四是资源保障。"军装照"H5分前端和后端。前端页面承担接收用户上传和下载照片功能，后端是天天P图的图像处理功能。由于访问量过大，前后端都出现了压力过大情况。我们全程监控数据变化，负责H5前端页面制作的合作伙伴未来应用和负责后端图片处理的天天P图迅速调集大量服务器资源，保障H5的平稳运行。用户上传一张图片，不到5秒钟就能轻松合成一张"军装照"，背后是强大的技术和巨大的服务器资源在支撑。

（四）VR新闻

　　VR新闻指的是基于VR技术的全新新闻传播形式，它以VR设备为载体，利用VR技术制作新闻，用户通过穿戴设备，沉浸在新闻的情境中。作为沉浸式新闻代表，VR新闻通过新技术使受众能够"亲临"现场，增强受众新闻体验。鉴于VR的表现力和特点，VR新闻目前主要在时事政治事件、重大灾难事件和娱乐类事件中发挥作用。

　　VR新闻策划需要充分利用新技术的特点，发挥其优势，但确实也存在一些困难和问题。首先，新闻生产成本过高。VR新闻制作需要专业的设备以及人员，整体生产成本较高，一般媒体无法承担相应的制作成本。作为受众要接收VR新闻，也需要额外购买VR设备，增加其成本，这也在一定程度上限制了VR新闻的受众群。其次，生产模式单一互动性不强。VR新闻的生产首先从采访选题开始，但是在确定选题的环节，VR新闻比传统新闻要复杂得多，需要先评估选题是否适合做VR新闻，然后评估选题的呈现效果，进而才能确定并开始生产。经过这种筛选程序后还能生产的选题寥寥无几，难以避免选题的同质化和内容的单一化。这些VR新闻多是场景再现型报道，虽然现场感、观赏性强，但是互动体验和沉浸感却有很大不足，离VR技术的理论效果相去甚远。再次，专业人才匮乏。VR新闻对专业人员技术要求较高，目前国内VR专业人才缺乏，作为新闻媒体获取该类专业技术性人才存在较高难度。最后，VR新闻报道内容存在局限性。目前VR新闻在我国刚刚起步，在新闻理念和技术上还存在不足，选题上缺少焦点、热点话题，内容上不够深刻，用户无法通过浏览VR新闻获得自己需要的重要信息。

　　虽然目前VR新闻确实有许多困难和不足，但随着技术的不断成熟和进步，技术门槛和生产成本的降低，仍然会成为未来新闻发展趋势。作为新闻工作者应该勇于创新敢于尝试，率先利用新技术进行探索。

（五）数据新闻

数据新闻是随着数据时代的到来出现的一种新型报道形态，是数据技术对新闻业全面渗透的必然结果，它的出现在一定程度上改变了传统新闻的生产流程。数据新闻创新主要体现在以下几个方面：

第一，数字化叙事：从"数据"旁证到数据发声。传统新闻是按照故事化叙述逻辑来开展报道的，数据作为叙事的辅助工具对新闻事实进行阐述和旁证。数据新闻中大数据成为叙事主体，叙事过程由数据驱动进而产生新闻报道。

第二，可视化呈现：从文字叙述到图像交互。传统新闻报道中文字作为内容主要呈现方式，图片和数据只是文字的注脚。数据新闻主要通过图像来呈现内容，可视化成为新闻表现的主要形式。

第三，预测性报道：从事实挖掘到前瞻预判。传统新闻对新闻的认知是对事实的报道，在这种理念的指导下新闻记者注重对事实的调查了解。传统新闻报道呈现出对事实的记录、梳理和阐释。数据新闻时代预测性新闻成为重要组成部分。基于大数据预测性的特征，新闻记者通过数据挖掘和关联分析对新闻事实发生及其未来变化规律进行预测，这也展现了新闻的新功能。

（六）新闻游戏

新闻游戏是近些年兴起的新型媒介融合产品，作为融合新闻的表现形式之一，特别强调对其他文化形态或娱乐形态的征用，将新闻和游戏结合起来，通过游戏化的方式将新闻进行展示与呈现，并且符合新闻所要求的真实性和客观性等特征，这样一种全新的呈现方式能够让受众增强体验感与接触感，从而进一步满足信息技术化的现实需求。游戏能够为用户提供一种其他媒体形式不可比拟的娱乐体验，游戏凭借良好的用户黏性成为融合新闻的重要表现形式。新闻游戏利用趣味性、互动性的特点结合新媒体分享技术能够吸引受众快速实现信息内容的传播。作为一种全新的新闻表现方式，新闻游戏要求策划设计人员结合新闻事实，把新闻内容融入游戏化节目中，在与用户交互过程中进行信息的有效传递，以下案例值得我们借鉴。

## 杭州 G20"媒体游戏"①

2016 年 9 月 4 日至 5 日，二十国集团（G20）领导人第十一次峰会在杭

---

① 佚名. G20 四大"媒体游戏"：峰会报道怎么做才能让千禧一代也爱看［EB/OL］.（2016-09-07）［2023-10-18］. http://www.sohu.com/a/113767147_465296.

州举行，作为全球最为重要的经济合作论坛和沟通机制、2016年中国最重要的主场外交，G20峰会也成为全球媒体参与报道最多的国际会议之一，吸引了全世界70个国家和地区的近5000名记者前来采访。回顾峰会媒体报道，与以往相比，此次各大媒体大量运用H5互动、直播、可视化图片、宣传片、短视频等方式，摆脱常规"会议报道"窠臼。

1.《习近平主席的G20微信群》火速提高新闻"热度"

在人民日报客户端出品的《习近平主席的G20微信群》H5互动中，习近平作为"群主"，把G20峰会参与国领导人拉到了一个微信群中，开动群聊模式。用户得以更直观地了解峰会成员国，甚至可以从"群聊"话题中，直接获得各国关心议题的背景知识。

2.《G20小精灵GO》——中国的Pokeman GO

《G20小精灵GO》是一款由人民日报"中央厨房"策划制作的交互性H5产品。它是以G20峰会的国家卡通形象为基础的互动小游戏。通过网民的线上参与，将参与者与杭州这一城市的距离拉近。

……

3.《白娘子喊你学G20英语啦》

腾讯新闻出品的《白娘子喊你学G20英语啦》通过G20周边信息切入峰会大主题。在这款创意H5里，腾讯新闻搬出杭州本地居民"白娘子"，发杭州话和英语语音，一关接一关地测试大家杭州话听力和阅读能力。关卡中还穿插着英语测试，还有用英语考杭州美食等问题，用户在感受趣味性的同时也潜移默化地体会到此处 G20 峰会的"国际范"与文化交融的含义。做完之后你会得到分数、G20 英语等级和评语，形成游戏体验闭环。而且据说题库充足，每次玩题目都不一样，想进修语言课程的同学可以多次试玩。

## 二、整合传播策划

融合新闻实践的最高境界和最终目标是打造一个整体性、统一性的融合新闻生态，具体来说包括产品维度的多媒融合、传播维度的渠道融合，以及运营维度的产销融合。打造融合新闻生态需要进行整合传播策划。相比传统媒体单一策划，整合传播策划需要考虑各要素整体性、协调性，做到优势发挥、劣势互补。整合传播策划具体来说包括两个维度：一是渠道融合，二是跨界融合。

（一）渠道融合

渠道融合针对融合新闻发布渠道整合与对话问题。融媒体时代受众能够自由选择的媒体类型种类繁多，信息传播渠道呈现百花齐放的格局。新闻信息的传播选择单一渠道无法实现受众面的全覆盖，因此同一新闻议题在不同渠道发布成为必然选择。但是由于不同传播渠道媒介特征、传播模式、受众群体的不同，在内容制作过程中仍需要有的放矢，这极大增加了新闻工作者的劳动量，也是新闻信息多渠道发布难点之所在。智能媒体时代，借助人机结合的新闻生产模式能够有效提高新闻工作者工作效率，为信息多渠道发布提供保障。

（二）跨界融合

跨界融合主要针对融合新闻运营的行业渗透与互补问题。跨界融合指的是行业之间或渠道之间的相互渗透与相互融合，其目标是使融合新闻产品从表层进入纵深，从局部进入系统，从端口进入网络，从渠道进入生态，从而获得更大的传播效力和社会认同。在万物皆媒、万物互联的智媒时代，跨界融合必然成为融合新闻传播的基本思维。从整合传播的视角来看，跨界融合的常见方式是事件营销和场景营销；从内容制作方面看表现为制作主体的跨界合作、强强联合。

传媒的跨界发展，是在产业融合以及多元化发展背景下的大胆尝试。近几年传媒跨界融合主要表现在传媒的经营模式多元化方面，具体模式如下：①

传媒+演艺。演艺是文化产业的重要内容，传媒与演艺的合作实质上是传媒与文化产业的融合。这种模式是传媒充分迎合不同受众群体的需求，丰富人民群众的业余文化生活。"传媒+演艺"是跨界发展的新模式，它开创了媒介转型发展的新路径。这一模式将明星的号召力和传媒的影响力有机结合，通过碰撞产生裂变效应，从而开辟新的市场。

传媒+影视。影视包括电影、电视剧以及新兴的微电影等在内的影像传播产业，与演艺基本上同属于文化产业的范畴。"传媒+影视"作为传媒与文化产业合作的另一方向，通过影视作品的收视成功，取得显著的经济效益，从而进一步实现跨行业的合作与发展，延伸了传媒的文化产业发展链条。这一模式对于拓展广告客户来源，整合传媒的社会资源，增加传媒的受众群体以及提升传媒整体形象等都有着重要的作用。

传媒+电商。传媒与电商合作实则是利益使然。电商符合目前国内消费者的兴趣诉求，传媒为了获得更多的用户支持，开展电商活动成为必然。

传媒+金融。资本对于传媒的发展至关重要。近年来金融危机不断，传媒与银行等金融机构需要的是资源互补，共享成果。较早的传媒与金融的合作是传媒的投融资策略，但近年来逐渐跨越行业壁垒和行政限制，传媒与金融业的跨界合作屡见不鲜。

传媒+地产。传媒与地产处在不同的行业领域和产业范围，二者的产业融

---

① 许可．融合背景下传媒跨界发展新模式[J]．传媒评论，2015（1）：75-76.

合可以说是真正意义上的跨界合作。"传媒+地产"模式的实质可以理解为传媒利用地产控制资本，又用资本来壮大传媒。

### "点赞十九大，中国强起来"新华社与共享单车 OFO、中国邮政跨界合作

"热烈祝贺十九大！愿我们的生活更加美好，愿伟大的祖国繁荣富强。""我们的征途是星辰大海，为十九大点赞，向着美好生活出发。"……

在党的十九大即将召开之际，新华社今天推出新颖的"点赞十九大，中国强起来"系列公益互动活动。在骑行时收听祝福十九大音频，在手机上为十九大点赞，在网站上获取、分享十九大个性化首日封、明信片，成为海内外网友关注十九大、祝福十九大的新方式。

活动由新华社、中国邮政、OFO 小黄车、新华网、新华社客户端、新华社微信公号联合在全网多终端推出。网友可在微博、微信、客户端、网站上听到十九大代表丁宁、巩立姣等十九位文体明星为公益活动录制的祝福音频，与喜欢的"爱豆"一起传播正能量，为十九大点赞。同时，网友还可通过扫描 OFO 小黄车二维码参与活动，收听文体明星音频，在骑行中为十九大送上祝福。

10 月 18 日起，网友在点赞十九大的同时，还将收到个性化线上首日封、明信片，书写美好心愿，为伟大祖国送上祝福。参与者将有机会获得由中国集邮总公司发行、加盖人民大会堂邮戳的《中国共产党第十九次全国代表大会》首日封。①

---

① 新华社. 新华社推出"点赞十九大"系列公益互动活动 邀请网友与"爱豆"一起传播正能量[EB/OL].（2017-10-13）[2023-10-20]. http://www.xinhuanet.com/politics/2017-10/13/c_1121799906.htm.

# 第七章 融媒体时代新闻采访的 过程及方法

新闻采访是一个需要记者与采访对象面对面交谈、提问从而获取想要信息的过程。采访是新闻记者获取新闻素材最常用的手段，也是其最基础的工作内容。采访是新闻记者的基本功，不善于进行采访的记者不可能成为一名合格的记者。因此，掌握采访活动的过程和方法，是每个记者都应该具备的技能。

传统媒体时代新闻采访已经积累下了许多经验，针对不同采访对象、访问目的、访问意图和对象人数多寡都已经有比较成熟的要求和方法。但融媒体时代的新闻采访受到传播环境改变、对象需求改变以及技术改变的影响又体现出新的特点。新闻记者在遵循过去新闻采访要求方法的基础上，必须在实践中继续学习探索融媒体新闻采访技巧，这是时代对新闻记者提出的新要求。

## 第一节 采访准备的意义与方法

### 一、做好采访准备的意义

预则立，不预则废，工欲善其事，必先利其器。新闻采访要取得成功离不开前期准备。美国著名新闻记者约翰·布雷德在他的《采访技巧》一书中说："采访宁可准备过头，也不要准备不足。"新闻工作的实践证明，任何成功的新闻采访都与其充分的准备息息相关。采访准备越充足，记者主动性就越强，就越可能获得想要的新闻素材达到采访目的，整个采访效率也会更高。因此，采访前的准备工作不能被忽视。

（一）明确采访目的和重点

明确采访目的和重点就是在采访前要知晓为什么要进行这次采访？这次采访意义何在？重点解决什么问题？新闻记者采访目的一定要明确，如果采访过程中东一榔头西一棒子，一方面会让采访对象感觉到话题散乱、思维跳跃、回答困难，另一方面采访对象会认为记者采访准备不充分对本次采访不够重视，在回答过程中就会较为随意，导致记者无法获取有价值的新闻素材。

新闻采访目的和重点在选题确定阶段就应该完成。采访选题确定的过程就是对新闻线索梳理思考的过程。在众多新闻线索中，选择想要报道的方面，确定报道重点和维度的同时，对新闻采访目的和重点就应该明确清楚。

新闻采访目的和重点指导整个新闻采访过程，也是衡量新闻采访是否成功的唯一标准。采访目的和重点一旦确定，记者必须严格围绕其来进行之后的采访活动。事后评价此次采访活动是否成功，也以是否达到当初确定的目的和重点为唯一的标准。

(二)缩短与采访对象之间的距离

新闻采访是一个非常复杂的过程，记者每次都要面对不同且陌生的采访对象。如果前期对采访对象不做针对性的研究，不了解其相关信息，而像面试官一样上来就询问一些履历表的内容，不但浪费宝贵的采访时间，而且会引起采访对象的不快，有时甚至会导致场面尴尬而最终采访失败。有位记者去采访老作家叶圣陶，显然记者事前毫无准备，知识面又窄，一见面就问："你是哪里人？""多大年纪？"八旬老人很烦躁，又感到很悲哀。这些情况，你翻一翻叶圣陶随便哪本著作，都能找到答案，可惜他根本没翻过。更使人哭笑不得的是，有位记者刚刚采访过夏衍，便转道来到叶家。他见到叶老的长子叶至善，一面紧紧握手，一面惊异地说："我刚从夏公那儿来，您岁数比他大些，可没想到这么年轻……"原来，他对叶圣陶家庭的情况也一无所知，把叶老的长子当成叶老本人了。闹出这样的笑话，采访自然得不到好结果。

对采访对象的研究可以拉近与采访对象的距离，使记者和采访对象之间产生熟悉感，从而产生共同语言，采访起点就高。水均益采访普京的经过就是非常典型的案例。2000 年 7 月，普京第一次访华记者会，从下午 5 点起，全体采访人员就开始等待。前两个是规定问题，中规中矩，普京一点也不兴奋。当时水均益就想，如果这样下去，估计最多再答两三个问题，普京就得抬屁股走人。这可咋办？按规定，第三个问题本来要问中俄经贸合作前景，但水均益想了想，便脱口而出："听说您的办公室里挂着一幅彼得大帝的画像，在俄罗斯历史上有不少时代令人印象深刻，比如彼得大帝时代、叶卡捷琳娜时代、亚历山大时代，当然还有苏联时代，您个人更倾向于喜欢哪个时代？"普京最崇拜的就是彼得大帝，据说他最喜欢的，就是人们把他看成拯救俄罗斯的彼得大帝。所以水均益的这个问题，一下就勾起了普京的兴趣，让他侃侃而谈。最终，记者会非常成功，我们也得以见到普京脸上难得的笑容。① 水均益只有在采访前对普京进行充分的研究和准备才能在现场随机应变提出这样的问题，同时正是这样的采访也让水均益给普京留下了深刻的印象。之后数十年里，水均益先后五次采访普京，并在 2014 年 1 月索契冬奥会开幕前对普京采访时，普京给予其"惊世一抱"，俨然这已经从记者与采访对象间的关系升级为老朋友间的关系，这样的采访岂能不成功。

（三）获得更多的信息，提高工作效率

采访活动的时间是有限的，如何在相对较短的时间内获得有用的信息，达到采访目的是所有新闻记者面临的问题。如果不做充分的准备工作，不了解好相关信息，就会让采访工作陷入被动，如果时间紧迫还会导致信息了解不够全面，造成一定程度的内容不实。因此在采访开始前做好准备工作，会增强记者采访信心，做到心中有数、手中有策，让采访有条不紊地进行，达到事半功倍的效果。

## 谢晋和曹禺心目中的好记者

谢晋结合自己多次出访经历说："美国的记者很注意资料工作，善于在接触采访对象之前从资料中掌握有关情况，事先准备好提出的问题。他们采访时间通常不超过半小时，提出的问题简明扼要，角度独特，采访效率甚高。而国内的不少记者不大善于利用资料，采访提问大同小异，缺乏自己独特的角度。因而，常常要对记者再讲一遍自己的简历。其实，本人的籍贯、年龄、艺术经历，只要一翻材料就全都有了。"

著名剧作家曹禺 1980 年访美归来，也发表过类似的感慨。他说："在美国的那些日子，几乎天天要接待新闻记者，多的时候一天五六批。一般一次采访不超过半小时至 40 分钟，不能什么都问，搞'马拉松'式谈话。有一个纽约时报的记者，他只很有目的地提了几个问题，过后在报纸上发表了 3 篇文章。文章里谈了许多我意想不到的事，而且与事实没有出入，材料准确无误。不难看出，他在采访之前是做了许多研究工作，看了不少

---

① 佚名. 水均益一个提问，把硬汉普京大帝都逗笑了，他的秘诀在这里［EB/OL］. (2020-04-15)［2023-10-21］. https://baijiahao.baidu.com/s? id=1664027581638455080.

书籍和资料的。"①

## 二、采访准备的内容与要求

采访准备主要分为平时准备和临时准备。平时准备主要涉及新闻记者在平时的工作学习中对于理论、政策和知识的积累。临时准备主要涉及针对某次具体的采访任务有针对性进行准备工作。无论是平时准备或临时准备都需要新闻记者付出努力，为采访的成功提供更多保障。

（一）平时准备

平时准备考验的是新闻记者在日常工作学习生活过程中对国家社会的关注以及各类知识的积累。新闻属于社会文化工作，需要工作人员有较高文化素质和水平。新闻记者在日常的工作生活中要加强自身学习，提升知识储备和技术积累，为采访工作做足准备。

1. 理论和知识的准备

新闻采访的理论准备指的是新闻记者对其采访对口行业理论知识的学习和积累。现代新闻媒体对于记者一般都有明确的分工，记者都有负责的专门领域，如负责社会的、经济的、司法的、交通的、政府会议的、体育的或娱乐的等方面新闻，对记者的要求并不是全能型的而是专家型的。每个领域都有其专门的知识和理论，新闻记者既然负责该领域报道工作，对相关知识和理论的掌握是必须的。对于一些专业要求较高的领域如经济、司法，一般都要求记者有相关的学科背景。这也是新闻媒体在招聘新闻记者的时候更青睐于跨学科专业，而不是新闻学对口专业的原因。

2. 政策的准备

政策准备指的是一方面新闻记者需要了解党的路线方针政策才不会在报道中出方向上的错误，记者要做到全局在胸，就要了解一个时期总的报道形势和动向，掌握当前社会出现的新情况、新问题。另一方面作为专家型记者要对本领域的具体政策了解透彻，能够对政策进行分析并就其将产生的影响有自己的见解和看法。

3. 资料的积累

记者在采访前不作资料的准备，就像上战场不带武器一样，没有信心也不可能成功。资料的准备绝对不是只依靠采访前临时的查询收集，而更多要进行

---

①  佚名. 采访前的准备［EB/OL］.（2017-01-20）［2023-10-20］. https://max.book118. com/html/2017/0120/85610952.shtm.

平时的资料积累，这样在某个具体采访议题需要某些资料的时候才能从容不迫提高效率。著名记者范长江有一个习惯，他每到一地采访，总是先搜集、查阅当地有关的地方志和史书。闻名世界的意大利女记者奥琳埃娜·法拉奇在每次采访前，总是用很长时间做准备，阅读与采访对象有关的材料和书刊，还要作笔记和写研究心得。她说，每次采访之前都要像学生准备大考一样，准备几个星期甚至一两年。

4. 技术的准备

融媒体的一个特征就是技术在新闻采访报道制作过程中地位越来越重要。新闻采访也需要运用更多的技术手段才能获取更多信息提高采访效率。虽然现在媒介机构都会设置专门的技术部门来处理新闻采访报道制作过程中的技术问题，但是技术人员不是一线的记者，最终技术的使用还得以记者为中心。因此了解和掌握一些基础的新媒体应用技术是时代对记者提出的新要求。多数记者由于是文科背景，对于技术有一种恐惧感或者无力感，对于学习技术也存在抵触情绪，这些都是媒介融合过程中的障碍。但时代不会按照个人的意志转变，作为融媒体时代的新闻记者必须要做好技术准备工作。

(二)临时准备

临时准备考验的是新闻记者对于具体选题有针对性准备的能力。不同的选题有不同的特点、采访角度和要求，这就需要新闻记者专门为其做好相应的准备。临时准备是否充分直接决定了采访活动能否取得预期的效果。

1. 了解和熟悉采访对象的基本情况

采访准备的第一步是了解和熟悉采访对象的基本情况。了解采访对象基本情况是缩短与采访对象距离的前提。如果采访对象是个人，就要了解他的社会关系、家庭情况、本人的生平经历、爱好、性格及事迹等。了解的途径主要是通过查阅他过去的文章著作以及个人档案；如果采访对象是一个地区、部门或单位，就要了解它的政治情况、经济情况、自然地理、风土人情、历史沿革等，了解的途径则是通过查看报纸和地方志。1956年宝成铁路全线通车前夕，报社派老记者纪希成报道这一建设成就。出发前，他到图书馆翻阅了不少有关铁路沿线的历史、地理、经济方面的资料，沿途又注意查阅地方志，对川、陕的昨天和今天有了较多的了解。当他沿着著名的陈仓栈道、"青峰连天不盈尺"的秦岭关、古风州诸葛亮筹策伐魏的"思计台"、三国时赵子龙把守的阳平关、汉相萧何追韩信的马道河等地采访时，尽管当时连日暴雨山洪，采访十分困难，但由于他有充分的资料准备，又身临其境目击了筑路工人们的劳动场面，很短时间内便连续写出了《从宝鸡到成都》等7篇通讯。有的通讯谈古论今，描述风光，介绍掌故，读来充满了知识和情趣，饶有兴味。

2. 有针对性地搜集与报道对象相关的特定背景材料

(1)采访对象的直接背景材料

采访对象的直接背景材料指的是直接与采访对象相关的背景材料。比如对于 2004 中国羽毛球队重捧汤姆斯杯的采访，事先就可以广泛搜集中国羽毛球队在各项国际、国内比赛中的材料以及汤姆斯杯的来历背景，与中国羽毛球队的渊源等资料。新闻记者在准备历史材料的时候首先想到的就是直接背景材料。在准备直接背景材料的时候，记者需要尽可能完全地对资料进行收集，不要遗漏相关重要的资料信息。

在互联网时代采访对象直接历史背景资料的获得变得异常便捷。通过互联网搜索功能，记者能够很容易获得大量自己想要的资料。但是也正因为资料的丰富性，如何进行资料整理并且在这些资料中如何提取有价值的信息成为考验记者的难题。

(2)采访对象的间接背景材料

采访对象的间接背景材料主要指的是与该采访对象相关的其他方面的背景材料。间接背景材料常常被用在与采访对象做比较上，通过比较凸现所采写的新闻的历史和现实价值。例如在做有关武汉"梅花经济"的报道时，就需要查阅南京"梅花经济"的数据，发现武汉每年的梅花节总收入是 250 万元，而南京的收入是 3000 多万元。又如，做武汉东湖旅游报道要和西湖比，东湖水域是西湖的 6 倍，收入却不及西湖的 1/10，在这样的对比中可以直观反映问题达到报道目的。间接材料不是记者能够立刻想到的，而是需要进行思考之后根据报道需要再查阅相关材料得到的。大数据时代间接背景资料获取也变得较为简便，通过大数据内容的查询，与采访对象相关的背景材料可以立刻展现，这极大提高了新闻记者的工作效率。

3. 努力分析并寻找已有的报道资料，避免"撞车"和重复

追求新意、写出特点是新闻报道追求的目标，但是新闻信息竞争激烈，许多有新闻价值的内容已被人报道过，因此对已有新闻报道资料进行查询主要是了解以往对某个事实或人物有没有报道，报道到了什么程度，选取了哪个角度和侧面，运用了哪些材料，这样做的目的是为了避免报道内容和角度的"撞车"与重复。由于新闻报道都是向社会公开的内容，因此只需要借助互联网搜索引擎就能够较为容易且全面了解过往报道情况。

4. 制订切实可行的采访计划

采访计划指对新闻采访所采取的活动、方式的大致设计与规划。采访既然

是为了写作新闻而进行的有目的的调查研究活动，那么在准备工作的基础上，就应该制订出采访计划。这种采访计划，可以熟记于心，也可以写成书面提纲。越是重大的采访活动，计划越应该周密，提纲越应该细致。

一份完整的采访计划应包括以下几个方面：

采访报道的指导思想。在采访报道之前总的原则和指导思想的确定是保障采访报道方向路线的基础。

采访的目的、要求和主要内容。这部分需要明确为什么要进行这次采访，重点谈什么内容，报道是写给什么人看的，估计会引起什么社会效果。

采访的时间、地点、部门、重点对象（名单）及人员先后顺序。顺序的安排上，一是要有利于新闻素材的挖掘。如你去采访一位先进工作者的事迹，但这位先进工作者又不善言谈，那么，你就应当先去访问那些对他的先进事迹比较了解的同志，然后再去访问他本人，以便用已经采访到的但不甚详细的材料去启发和引导他谈话。二是要缩短采访忙人（领导干部、科学家、学者、演员等）的时间。那些可以从别人那里获得的材料，就不用让受访者来提供了，要他们提供的材料，应是别人完全不知道的。

报道的形式、角度及大致的截稿时间。这部分需要设想一下报道写成什么体裁，多少字，采写周期等。

设计具体采访实施方案。首先确定采访的方式，是个别访问、现场观察还是开座谈会，在采访方式的基础上再确定具体的采访步骤和方法。

制定多套方案和应急措施，应对可能遇到的采访困难。在采访过程中难免会出现意外或者困难，制订计划过程需要充分考虑到可能会出现的意外情况，并且制定如何处理这些情况的应急措施。

5. 拟定具体的访谈或调查提纲

访谈提纲在新闻采访过程中非常重要，它是新闻记者在采访过程中主要的参考依据。访谈提纲是新闻采访计划的重要组成部分，主要规定了采访过程的流程以及所涉及问题。一般情况下，访谈提纲中要尽可能多设计一些问题，避免冷场。

（1）设计访谈提纲的基本原则

简明性原则指的是访问提纲语言表达简洁明了不啰嗦。提纲起到的是提纲挈领的作用，因此语言表达要高度概括简练。

适量性原则指的是访谈问题设计数量要适当。问题数量太少记者无法完整地获取想要的信息，但问题太多必然使访谈时间过长，容易让被访者失去耐心。

针对性原则指的是问题涉及的内容具有明确的指向性目标性。应该让被访者能够清楚知道你问这个问题的目的是什么，这样才能让其较为清楚明确地回答问题，记者获得的信息才有价值。

开放性原则指的是提问以非结构式问题为主，给予被访者发挥主观能动性回答问题的空间。访谈的主体是被访者，作为采访者主要是通过提问来引导被访者进行表达，因此给予被访者回答问题空间是非常重要的。

一致性原则指的是问题的整体结构具有一致性。问题结构一致性使整个提问过程能够统一，不致给被访者凌乱感。

非重叠原则指的是问题编排顺序符合逻辑，把相关联的问题集中在一起，问题内容不重复。合理的逻辑顺序能够打开被访者的思路，让其能够清晰回答问题且不遗漏内容。问题内容重复容易引起被访者的反感，不易促进访问的顺利进行。

## 艾丰的六个"不要提"①

如何设计采访问题，艾丰同志曾经提出了六个"不要提"，很有针对性。现照录如下：

一、不要提太大的问题。（不要企图"一口吃个大胖子"。）

二、不要提过多的外行问题。（一点不提是难以做到的，但要争取少些。）

三、不要提暗示性的问题。（即不要强加于人，给人竖根"杆"，让对方"顺杆爬"。）

四、不要提过于轻率的问题。（毫无意义和目的地卖弄技巧，会导致提轻率的问题。）

五、不要提太"硬"的问题。（就一般情况、一般对象、一般记者而言，直率不等于生硬。）

六、不要提审问式的问题。（即要善于引导，在交谈中发问，在发问中交谈。）

（2）确定问题是访谈提纲的关键

整理采访线索。记者对事件和被访者进行了解和研究，可以整理出一些已

---

① 新兵蛋子. 艾本的六个"不要提"［EB/OL］.（2007-11-13）［2023-10-20］. https://www.douban.com/group/topic/Z190641/?_i = 1271294Gar0q6c.

经形成或尚未形成的观点和看法即采访线索。通过这些线索可以规划采访的脉络，寻找采访的切入点和突破口。

设计采访问题。记者根据采访整理出来的线索设计采访问题，需要注意问题的合理性和逻辑性。问题的合理性指的是需要站在受众角度衡量，如果受众能够从新闻中了解自身所需要的信息，说明所提问题有价值，问题设计合理，反之则问题设计失败。问题的逻辑性指的是所有问题之间不是分散和孤立的关系，而是具有环环相扣的逻辑性。几个问题组合在一起呈现事物发展的某个维度，记者问题设计必须要按照维度一层层一步步逐渐深入，揭开事物的本质，随心所欲想到什么问什么的方式自然无法获得有价值的信息。

罗列采访问题。即采访问题应该按逻辑顺序排列——最重要的、重要的、次重要的依次排列。问题尽可能要多些，有具体的问题也要有概括问题，预案要周全。有些问题可能是记者自己的设想，可能在采访过程中不能如愿以偿，但也可以列入预案。如果提问时需要进行现场观察，还需要列入观察的内容，如采访对象的神情举止、采访地点的起居陈设等。

## 斯诺为陕北采访准备了 70 个题目①

斯诺当年采访陕北苏区，写出了名作《西行漫记》，脍炙人口。但是很多人并不知道他为了这次采访事前进行了多么周密的准备工作，单是在《西行漫记》中就记下了 70 多个问题：

中国红军是不是一批自觉的马克思主义革命者，服从并遵守一个统一的纲领，受中国共产党的统一指挥？如果是的，那么那个纲领是什么？共产党人自称是在为实现土地革命，为反对帝国主义，为争取苏维埃民主和民族解放而斗争。南京却说，红军不过是由"文匪"领导的一种新式流寇。究竟谁是谁非？还是不管哪一方都是对的？

在 1927 年以前，共产党员是允许参加国民党的，但在那年 4 月以后，共产党员以及无党派激进知识分子和成千上万的有组织的工人农民，都遭到当时在南京夺取政权的蒋介石的大规模处决。从那时起，做一个共产党员或共产党的同情者，就是犯了死罪，而且有成千上万的人受害。然而，仍有成千上万的人继续甘冒这种风险，参加了红军，同南京政府的军事独

---

① 新兵蛋子. 斯诺为陕北采访准备了 70 个题目［EB/OL］.（2007-11-13）［2023-10-20］. https://www.douban.com/group/topic/20190638/?_i = 1271473Gar0q6c.

裁进行武装斗争。这是为什么？有什么不可动摇的力量推动他们豁出性命去拥护这种政见呢？革命党和共产党的基本争论究竟是什么？

……

共产党倡导在中国建立"民族统一战线"，停止内战，这到底是什么意思？

看了斯诺的这个提纲，你可以想到，对这次采访，他做了多么惊人的细致准备！

### 6. 做好必要的物质准备

现代记者在采访中涉及的器材非常繁多，这是由技术进步和社会需要决定的。除了基本工具纸笔以外，记者还要携带录音、照相、摄像、通信器材等设备。在媒介融合和数字化发展的背景下，记者的分工变得模糊，因此许多新闻媒体要求所有记者都能够熟练掌握设备的使用，这也是对记者提出的新要求。

采访的设备主要分为三个大类，分别是记录工具、拍摄器材和通信设备。记录工具主要包括笔、记录本、录音器材和笔记本电脑，这些设备主要用来记录非图像类信息。拍摄器材主要包括照相机、摄像机、灯光、三脚架等器材和设备，这些设备主要用来记录图像类信息。通信设备主要包括手机、对讲机等，其作用是方便记者与其他工作人员、媒介编辑部和采访对象联络。融媒体时代的设备融合使得手机拥有了上述所有设备的功能，因此对于现代记者来说手机已经成为他们最重要的工具了。

### 7. "软件"准备

"软件"准备指的是新闻记者面对采访工作中出现的问题和困难的心理准备。新闻记者在采访过程中需要保持良好的精神面貌和心理状态，要具备完成任务的信心、战胜困难的勇气，只有这样才能保证采访工作顺利完成。

首先，记者要克服紧张情绪。采访之前，面对陌生人，采访实施过程又是未知数的情况下，许多刚入职的年轻记者会产生紧张甚至是恐惧的情绪。要想克服紧张的情绪应做到增强自信心，相信自己能够完成这次任务；摆正与对方关系，不要见面矮三分；对采访中可能出现的意外情况要作充分的评估和预案。

其次，记者要调整好角色定位。记者具有职业人和自然人双重角色，记者在实施采访时要将自己职业角色放在首位，如果两个角色发生冲突应该服从前者。这也是工作的必然要求。

### 三、采访材料的收集

#### (一) 材料与事实的关系

采访的基本任务是迅速地了解典型的、具有新闻价值的真实的事实。在新闻采访准备阶段主要是对相关材料进行收集。材料不等同于事实，两者既有联系也有区别。

1. 材料与事实的关系

事实是客观事物已经发生和正在发生的较为完整的发展过程。它是客观的、现实的、第一性的东西。

材料是各种事情的各种情况的报道和记载。它既包括事物的表象、表现这类第一性的材料，如物证材料，也包括事实的叙述、转述、记载等第二性材料，如各类文字材料。

材料不等于事实，但要了解事实，却一步也离不开材料。从总体上讲，材料是记者了解事实的桥梁，记者的劳动对象就是材料，没有劳动对象就不能进行有效的劳动，材料在记者工作中占据着重要的地位。新闻采访的过程实际上就是材料向事实转变的过程。记者前期收集到相关材料，通过采访对材料进行进一步验证、整理和挖掘，从而形成新闻事实。

2. 材料的分类

新闻材料根据获取的手段方式不同，可以分为第一手材料、第二手材料等。第一手材料指记者不经过任何中转环节，直接从他要报道的事实那里得来的材料，包括记者的直接观察和物证材料。第二手材料指在记者和材料之间，存在着一个中转环节。记者从当事人和目击者那里得来的材料就属于这一类。第三、四手以上材料指的是在记者和材料之间，存在着两个以上中转环节，记者从非当事人和非目击者那里得到的情况，总结概括性的材料，都属于这一类。

二手材料的得来相对来说比较容易，特别是在互联网时代，信息数字化极大增强了网络搜索能力，二手材料获取变得极为简便。也正因为如此，许多新闻记者过多依赖二手材料而忽视一手材料收集，而一手材料恰恰才是最具有价值的材料内容。

一手材料是做好新闻报道的重要保证。新闻的"新"字一方面表现其时效性，另一方面也表现其创新性。二手材料展示的是他人已经完成的报道和成果，要从中挖掘新的内容和价值存在较高难度。一手材料是记者深入实地进行调查获取的内容，这些材料还未被人使用，并且收集一手材料过程本身也能促使记者对问题进行思考，这都为采访创新提供了必要的准备。

（二）材料的收集方法

1. 现场观察法

观察指的是有计划、有目的、持久性的知觉活动，是人们客观认识世界的一种视觉方法。现场观察也称为"用眼睛收集材料"，利用眼睛认真观察，收集新闻材料。在材料收集过程中，现场观察非常重要，记者在新闻现场看可获得第一手资料。新闻记者必须具有较高的新闻观察能力。

2. 前期访谈方法

前期访谈指的是与采访对象有关的人提前进行对话。许多采访对象的背景材料并没有记录在文字或者影像中，而是存在于人们心中。在收集相关材料的过程中，一定要对相关人进行访谈，这样获取的背景材料才是最生动的也是最具体的。

3. 网络材料收集方法

网络材料搜索收集是目前最简便的二手资料收集方法。随着互联网的发展，越来越多的资料数字化，网络资料变得非常丰富且搜索收集也快速简便。但需要特别注意的是网络材料质量良莠不齐，既有真实的有价值的材料也有逻辑混乱甚至夸张虚假的内容。因此对于网络材料记者要加强甄别和再验证，对于一些无法确定真实性的材料一定要谨慎使用。

（三）材料的核实与处理

收集到的材料欲作为新闻采访的素材还需要经过核实和处理。一般情况下一手材料在收集的同时就应该进行该工作，而二手材料则需要在后期进行。

1. 核实材料的方法

溯本求源。对于信息的来源进行核实，对信源的可信度进行评估，从而确定该材料是否准确可信。

寻求物证。虽然现实中物证的寻找存在较大困难，但最直接证实材料是否可信的方法就是物证。

多方证实。对于某些不确定的材料可以多寻找一些其他相关材料，判断其观点和表达是否一致，从而确定材料内容是否准确，但也要预防三人成虎现象的出现。

逻辑判断。针对某些材料可以使用逻辑分析判断的方法，有些材料内容细节明显不符合逻辑就有理由对材料可信度提出怀疑。

技术检验。对于一些可经实验检验的材料数据，可以依据其提供的步骤方法重新进行实验，通过再现的方式来验证材料的可信度。

校正误差。某些材料受限于时间、当时的条件等方面的原因，所表述的内容不够准确或与现实情况存在一定程度误差，我们在了解真实情况基础上可以对这些误差进行校正。

2. 无法核实但必须报道的材料处理

对于某些材料记者无法确切核实或证实，但由于某些原因还必须使用，为了解决这个看来难以解决的矛盾，新闻记者们想出了个符合新闻规律的解决方法：在使用这些材料时注明消息来源，或指出材料出处。这样可以明确材料的责任归属，有效规避可能存在的风险。

## 第二节　善问的策略技巧

访问是记者通过面对面的方式与采访对象提问、交流来获取信息的社会活动。它是记者最重要也是最主要的工作。如何才能取得访问的成功？提问的方法和技巧有哪些？这些都是本节要回答的问题。

### 一、访问成功的先决条件

(一)合适的访问对象

选择合适的访问对象是成功访问的基础，对象一旦选错，访问目标就会偏离，整个访问不可能成功，因此访问活动首要工作就是要选择理想的访问对象。

1. 选择访问对象应遵守的原则

(1)相关性原则

记者在进行新闻采访活动时一定是围绕报道事件进行的，不然就是在浪费自己和他人的时间。因此记者所要访问的一定是事件发生的直接当事人、事件的参与者和目击者，或者是熟悉了解这一情况的人。这些对象对整个事件发生的情况较为了解，能够提供有价值的新闻信息，记者首先要采访的就是这类对象。

(2)典型性原则

在确定采访对象与报道事件具有相关性的基础上，如果还有余地的话，应尽可能选择具有典型性和代表性对象，也就是说相比较一般的对象其与事实联系更为紧密更具有说服力。比如近几年电信诈骗成为社会治安重大问题，每年全国发生的电信诈骗案数量巨大。作为新闻媒体不可能不加区分对所有案件进行报道警示。通过调查发现，刷单返利、虚假投资理财、虚假网络贷款、冒充客服、冒充公检法等5种诈骗类型发案占比近80%，成为最为突出的五大高发类案，其中刷单返利类诈骗发案率最高，占发案总数的1/3左右；虚假投资理财类诈骗涉案金额最大，占全部涉案资金的1/3左右。针对这个情况媒体重点对刷单返利类诈骗案和虚假投资理财类诈骗案进行报道有利于达到报道的目的。

（3）整体性原则

在选择访问对象的时候除了上述要考虑的个体的"资格"以外，还要考虑其在对象群体中的"资格"。比如选择一个访问对象要充分考虑其是否了解事件发生的整体面貌，是否有资格能够代表群体发表意见。这些实际也是避免只听一面之言，防止访问错误的举措。

2. 访问对象的分类

在新闻采访工作中，明确新闻采访对象所具有的类型，能够帮助新闻记者更有针对性地制定采访策略，从而为采访工作预期效果的实现奠定良好基础。为了能够明确采访对象所具有的类型，新闻记者需要根据采访选题对采访对象类型进行初步判断，并以初步判断结果作为依据制定采访对象预案。如在以保护采访对象合法利益为出发点的采访中，采访对象一般会表现出良好的合作意愿，而在监督报道与调查报道中，采访对象则容易出现拒绝合作的倾向。在此基础上，记者还需要在采访实践中通过对采访对象所具有的神态、肢体动作以及语言做出进一步的分析与判断，来确定采访对象类型，从而及时调整采访预案。

具体而言，新闻采访对象主要分为以下几种：一是理想合作型采访对象。这类采访对象不仅具有良好的合作意愿，而且能够和记者开展顺畅的沟通，从而帮助记者实现采访目标。由于这类采访对象与新闻记者所具有的立场与利益一致且采访对象具有良好的语言表达能力，因此，新闻记者并不需要刻意开展引导就能够从采访对象的论述以及观点中获得新闻信息。二是非理想合作型采访对象。相对于前者而言，虽然这类采访对象具有良好的合作意愿，但是受制于语言表达能力、心理素质等多方面因素的影响，采访对象往往会出现词不达意的情况。针对这种情况，新闻记者需要通过构建轻松、自然的交流氛围引导采访对象进入更为舒适的表达语境当中，从而更为准确、全面地获取新闻信息。三是拒绝合作型采访对象。这类采访对象在立场或者利益层面与新闻记者存在冲突，如害怕被监督、披露或者认为采访工作会对自身带来负面影响的个人与单位。这类采访对象在态度、语言表达等层面都会展现出拒绝合作的特征。针对此类采访对象，新闻记者可以从非核心利益相关者等外围采访对象入手，依托自身所掌握的信息作为与核心利益相关者开展对话的筹码，从而争取这类采访对象能够发生态度转变并推动新闻采访工作的顺利开展。四是虚假合作型采访对象。这类采访对象会在表面积极配合采访工作，但是当采访内容与自身利益产生冲突时，采访对象会向新闻记者提供虚假的或者具有误导性的信息。针对这类采访对象，新闻记者需要在完成采访工作之后通过与其他新闻当事人开展沟通的方式，对采访信息的真实性进行验证，从而找到并呈现出事实真相。①

（二）融洽的访问气氛

记者与访问对象都是素昧平生的陌生人，在有限的时间内如何营造出有利于访问的氛围，让访问对象愿意接受采访，愿意回答问题，十分考验记者的功底。访问对象的性格、经历、兴趣爱好等都是可以成为调动氛围的元素。因此，记者应通过前期对访问对象资料的准备和现场的观察，随机应变化解访问中的障碍，营造融洽的访问氛围。

1. 善于搭建与访问对象沟通的桥梁

搭建与访问对象沟通的桥梁就是要寻找记者与对象之间的共同点。这些共同点可以表现为双方相似的生活经历、兴趣爱好或者是熟悉的人和事，通过这些载体拉近与访问对象的距离，使其产生亲切感，最终从情感上打动对方，保证访问的顺利进行。1988年4月，军事记者刘善兴到南海舰队采访，巧遇一批从南沙守礁归来的海军陆战队员。连续几个月的孤礁执勤，忍受太空人式的孤独，习惯鲁滨逊式的寂寞，使这些本来就不善言谈的战士更加木讷。交谈中，记者发现这批陆战队员大部分是河南人，有个战士的家与刘善兴的老家仅隔数十里。于是，刘善兴便从家乡谈起，很快打消了他们的生疏感。战士们不仅向记者介绍了守礁中的生活情况、生动故事，而且把排长怎么想老婆，小张怎么给对象写信，小常想家时怎么悄悄哭鼻子等感情深处的"秘密"，统统袒露出来。枯燥的守礁生活本来没有更多的内容可写，由于采访深入，掌握了很多战士内心深处的生动事例，结果，一篇《南沙英雄出中原》的长篇通讯，生动地反映了海军陆战队员艰苦守礁、无私奉献的精神风貌，发表后引起读者强烈反响。

2. 善于取得访问对象的信任和好感

沟通双方产生信任和好感，是保证沟通顺畅的前提。如果采访对象缺乏对

---

① 宋安娜. 新闻采访对象心理引导工作探析[J]. 卫星电视与宽带多媒体，2020(4)：94.

记者的信任和好感，很难想象其会积极主动配合采访工作并提供有价值的信息。要取得信任和好感，首先，要注重自身的形象，比如采访按时按地赴约，衣着整洁得体，谈吐礼貌大方等。其次，要在准备阶段充分了解熟悉采访对象，这样才能保证与采访对象有更多共同语言，能够相互交流。

3. 善于选择访问的场所和时机

采访地点和时机的选择是为了营造良好的访问环境。理想的访问场所会选择能够避免干扰且对于访问对象来说较为熟悉的地方。在相对陌生的环境中人们会感受到紧张和不安，对于采访来说这种负面的感受会极大影响访问质量。因此选择访问对象熟悉，或者能够"触景生情"的场所能够使其在心理上放松，有时甚至会产生意想不到的效果。

## 二、善问的要求与方法

提问指的是新闻记者向访问对象提出问题，以获取有关新闻事实的信息和观点。提问是新闻记者基本功也是采访过程中最重要的环节。采访前期的准备、计划的制订最终要落实到提问上，提问也是记者直接接触采访对象的方式。无论前期准备多么完善，计划制订得多么合理，如果在最终提问环节出现问题，那么采访绝对不可能成功。提问是一个需要技巧和经验的工作。经验丰富技巧娴熟的记者可以通过巧妙的提问，赢得采访对象的支持，获得丰富且可靠的材料，反之则弄僵采访气氛，最后问了几句就草草收场，因此提问是新闻采访活动的关键环节。

（一）提问的类型

1. 开放式问题

开放式问题就是问题提得比较概括、抽象，范围限制不很严格，给对方以充分的自由发挥的余地。开放式提问可以说是张口就来。开放式问题能够给对方更多自由，气氛较为轻松、自如，但是双方联结比较松散一般难以挖到猛料。记者提这种问题较为省力，可以不需要认真思索，几乎对任何对象——哪怕对他毫无了解都可以这样提问，而且只需简单提问以后，对方就需要长篇大论说上一气，给记者以"喘气"时间。

2. 封闭式问题

封闭式问题又称为闭合式问题，这类问题指向具体、明确，需要有一个针对性的答案。要了解具体事件信息多采用封闭式问题。封闭式问题简单、具体，有利于记者获得事实性信息，但是由于提问内容限制过多不利于记者深度挖掘内容。

（二）提问的要求

有人说记者采访要唱三部曲：开始，少问多记；过一段时间，边问边记；最后，又问又记（观察）。不管哪一步，都离不开"问"。有人统计，记者采写的稿件，80%以上的材料是通过"问"——向人提问而获得的，可见提问在采访中的地位。

《记者的素质与技巧》一书认为：记者与其说是"记"者不如说是"问"者。如何提问，是很有学问的，基本要求是：第一，问得自然。第二，问得明白。第三，问得简洁。第四，问得有特色。

1. 提问自然

提问自然指的是提问的态度和气氛。提问时要和采访对象交朋友，要和他平等地谈心里话，采访不像警察查户口或者法官审犯人那样，你问一句他答一句。提问时一方面要态度诚恳、亲切、平易近人，另一方面问题要有逻辑，在交谈过程中自然引出而不是生硬、直接地审问。

2. 问题合适

问题合适是提出的问题由采访对象来问答是最对口的最合适的。如果提出的问题不适合对象来回答，这样的问题就不要提。因此在提问前要充分考虑对象的身份地位和问题内容的匹配性。

3. 问题得体

问题得体指的是提问的内容应具体明白。采访是为了获取具体的新闻事实、材料和观点，如果问题过虚、过大、过空的话，对象会无所适从不知从何谈起，也就无法提供有价值的信息和内容。记者要善于把"大"问题小问题化，把"虚"问题具体化。

另外还要问到要害处。所谓要害处指的是对于新闻事实最重要的问题，也是受众关注度最高的问题。问问题不能隔靴搔痒，问到实质才能获得最有用的信息。

4. 提问有策略

提问的策略指的是提问的战略战术。提问过程中既要围绕主题目标，按照提问提纲准备的逻辑顺序进行提问，又要注重随机应变，因时而异，采用不同的提问方式和策略。对于一些敏感棘手不易回答的问题，记者在提问时要注意分寸，在相对自然的情况下引出问题，在发现对象为难不再愿意回答时适可而止。

5. 提问简明

提问简明指的是问题的表达方式。问题表达既要明白无误，又要简洁明了，不能让人感觉啰里啰唆，否则会让对方不耐烦从而降低回答问题的耐心。记者提问要能抓住重点，逻辑清晰，问题表述目标明确。

(三)提问的方式

记者提问要讲究策略，要根据情况因人因事而异。在采访过程中没有规定一定要采取哪种方法或哪种方法在哪个情景下就一定合适。在采访实践中，应根据情况灵活采用各类提问方法。

1. 开门见山——正问法

正问法，也称为开门见山的方法，指的是记者直接切入主题，询问对象的一种方法。正问法是记者采访过程中最常用的方法，采访过程不必拐弯抹角，单刀直入了解信息。一般来讲，记者访问领导干部或健谈的公众人物，诸如企业家、教师、学者、专家、演员、外宾等，或是自己熟悉的对象，限定时间或某个特定场合的现场访问和广播、电视的演播室采访或记者招待会等，都可以直接正面提问。正问法需要注意以下几个问题。

首先，正问法需要情感的铺垫，而不是直接生硬地发问。在提问之前，记者能够在情感上与采访对象有所交流，建立一定的联系，这样在提问中对象能够在心理上舒缓些，也能更配合采访工作。

其次，避免过于直白生硬的提问。过于直白的提问特别是某些涉及个人隐私的问题往往会造成采访对象心理上的抗拒，难以获得对象的合作，不能获得有用的信息。北京远郊区有个山村的群众吃水很困难。后来，在本地政府的关切下，村民都用上了自来水。记者采访一名老大娘时问道："大娘，您吃上自来水了，高兴吧?"大娘回答说："高兴! 高兴!"这次采访，记者就提了这一个问题，大娘也就连着说了两个"高兴"，心里有话却因记者的直白而没能说出来。若是问："大娘，原先您想到过吃自来水吗?"或"大娘，听说你们过去吃水好困难?"大娘心里的话就可以痛快地说出来。

最后，擅长处理采访对象跑题情况。记者在采访前都会有明确的采访目的，所有提问都是围绕目的来设计的。但是在具体采访过程中往往会出现，有些采访对象依据某个提问侃侃而谈，但是内容却跟问题本身并没有联系，作为记者切忌直接打断采访对象，或表现出急躁不耐烦的情绪，而是要继续保持耐心学会倾听。这样一方面是为了维护采访对象的自尊心，另一方面也显示记者自身的修养。此时记者应该采取引导的方式，将谈话内容导回主题。

2. 旁敲侧击——侧问法

侧问法，也叫迂回法，指的是记者不从正面直接提问，而是绕弯子，通过聊天攀谈的形式，慢慢将谈话引到主题上。这种访问一般时间性不太强，谈话也不受特定场合与报导方式的限制。侧问法适用于采访对象不善于交谈或者对于问题心理有所顾虑不愿意交谈的情况，有时在采访开始阶段也可作为试探性访问方式使用。

侧问的内容一般是采访对象熟悉的、感兴趣的无须多思考就能回答的，其是缓和采访氛围，搭建与采访对象进一步交流的基础。

3. 明知故问——反问法

反问法指的是记者从相反的方向提出问题，适用于谦虚不想谈、有顾虑怕谈和高傲不屑谈等采访对象，主要分为激将法和错问法。

（1）激将法

激将法是一种激发式的提问方法，指的是提出尖锐的问题刺激对方，激化其情绪，促使对方的心态由"要我说"变成"我要说"，从而不能不说，乃至欲罢不能。原山西电视台记者高丽萍，1987 年在采制专题片《重访大寨录》时，她先和郭凤莲聊天。郭凤莲一听说要采访昔时大寨的模范人物，就急切地说："采访他人我没意见，我是不愿意接受采访，我再也不想上电视报纸了。"记者问她为何，她说："前几回有的记者找我，我正好有急事要办不在家，就说我拒绝采访，躲着不见，还有人说我对三中全会的政策不满。我根本没意见，大寨人此刻不就是靠三中全会的富民政策富起来的吗？一听他们那样说我，我就生气。"高丽萍看到对方说到这里，仍是一副气鼓鼓的样子，就对她说："我理解你的心情。可我感觉要让人们真正了解你和大寨人今天的情况，就得你们自己出面说话，大家才信。此刻你又不接受我的电视采访，观众怎么能知道你是如何看待三中全会的政策，更不知道你的现状如何了，你说呢？"果然，这入情入理的一激很有效，郭凤莲马上就说："那好，你就采吧。可我从哪提及呢？"当下，记者就给她出了主意，对方也爽快地接受了采访。

运用激将法时记者要充分考虑自己身份是否合理，刺激是否适中，防止过度的刺激不但没有达到采访的目的，反而适得其反让采访对象直接拒绝采访。西方记者多数热衷于采用激发式的方式提问，使得采访对象不得不提供记者所需要的信息。他们提问往往尖锐、刁钻、独特，乃至怪僻。某些政治家也爱接待这样的记者，他们通过巧妙地回答记者的刁钻的提问，能够在公众眼前显示自己的才能。意大利女记者奥琳埃娜·法拉奇，就是以在访问中勇于提出尖锐的问题而著名的。有一次她采访伊朗宗教领袖霍梅尼时，第一句话就说："我要告诉你，先生，你是伊朗的新沙皇……"一句话把霍梅尼气得半天说不出话来，马上急于为自己辩解，而法拉奇在对方的辩解与表白中得到了大量生动有价值的材料。

（2）错问法

错问法也叫"以误求正法"，指记者故意提犯错误的问题或者从反方向来提问，以考察、试探、激发采访对象，以便了解真实的材料，探求事实真相。需要注意的是，运用错问法，可能会造成采访对象的某些误解。因此，在采访结束时，记者应当说明原委，消除误解，以避免留下后遗症。如央视主持人王志采访传媒巨头默多克的时候，他问："你是个商人，判断成功的标准更多是钱，是吗？"在明知答案一定是否定的情况下这样提问就是一种刺激采访对象的方法。

4. 设身处地——设问法

设问法指的是记者提出一些假设性的问题，明知故问引发对方思考回答，从而获得已初步掌握却还没有肯定的回答。设问法往往用来启发采访对象的思路，引导对方谈出对某个问题、某种事情的真实想法，或设身处地地为对方着想，踊跃帮助对方回忆某种情景，或用来调节对方的情绪，促使对方谈出一些不大想说、不大好说的事情或想法，或记者对人物或事物进行合乎规律的推断、预测，促使对方产生联想和想象，或记者对事实已渐为熟悉，再提出一些假设性问题，同采访对象开展讨论，促使自己深化认识。运用这种方式，记者不仅需要丰富的社会知识和生活阅历，也需要较强的应变能力。采用"若是""假设"一类的设问法，不但可以了解采访对象的观点，而且还能深切了解对方的心理世界。运用这种方法时注意不要把自己的观点强加于人，或暗示采访对象依照自己主观划定的框框去谈。另外，采用设问法提问，要多提开放式的问题，一般不要提闭合式的问题。

5. 穷追猛打——追问法

追问法指的是记者抓住采访对象回答过程中的某个点，按照逻辑思路，连续提问，深度挖掘信息的方法。追问法是了解事实背后内容，挖掘深度信息常用的方法。记者对于事实及其前因后果，对于触及事物本质的关键性材料，对于典型事例和典型细节，对于对方谈话中的疑点或记者从对方谈话中发现的有价值的新情况、新线索，应该抓住不放，打破沙锅问到底，直至水落石出。

追问，既要问得对方开动脑筋，又要让对方越谈越有兴趣。即使是批评性报道，也要让对方感到追得合情合理。因此，记者态度、语气都要与谈话的气氛协调一致，不要把追问弄成逼问，更不要变成变相"审问"。

央视主持人王志在 SARS 期间《面对面》节目中采访当时北京代市长王岐山，有这么一段采访充分体现了追问作用：

王志：我们眼里看到一个很镇定的一个市长、一个很坚定的市长。但是另一方面我们看到北京感染的人数在不断地上升。

王岐山：这个传染病它有一个规律吧，我觉得这个事情，我刚才说了，谁去预测这个数字？在当前这个条件下，是危险的。但是说实在的我们也在分析，并不是完全没底数的。

王志：什么底数？

王岐山：就是说增长总有一个头，增长到一定程度的时候，它要逐渐回落的。我相信我们这些措施，这些人为的工作都不是白费的。

王志：预期是多少？

王岐山：我现在不想做这种赌博式的预期回答，不想回答。因为什么？确实我不想预期，现在向市民做这种预期，是要严肃而负责任的。我没有相当把握的时候，我不会讲这种话。

王志：你上任的时候，我看了这个数字当时是 300 不到 400。

王岐山：对！

王志：昨天的数字是 2705。

王岐山：对！

王志：那这是成反比的，说明什么问题？

王岐山：传染病有潜伏期，传染源是在我的措施中逐渐地被切断，隔离是一步一步地被隔离，社区的卫生状况包括社区整个组织、预防的组织是刚刚建立起来的，所以在这个问题上我们应该非常清醒地认识到：现在的措施，要对今后的十天起作用，不能对当天。如果说现在我们有一种措施，能够今天布置下去，当天就解决了，那我们面临的就不是一场严峻的斗争。

王志：那我能不能这样预期，即十天之后一定降下去？

王岐山：我相信十天之后，起码我们可以讨论这个问题。①

# 第三节　访问记录的要求与方法

访问记录指的是记者在采访过程中对所获取信息进行记载的活动，它又称

---

① 佚名. 王志提问北京代市长王岐山［EB/OL］.（2003-05-06）［2023-10-20］. https://news.sina.com.cn/c/2003-05-06/1108103189.shtml.

为采访笔记。对于采访活动而言访问记录是最原始的材料，它作为对整个采访过程的见证，不但为本次的新闻采访活动提供材料，而且还能作为历史材料留存，为以后的其他新闻报道活动或者学术研究产生重要的使用价值和参考价值。

融媒体时代随着技术设备的提升，许多年轻记者认为访问记录就是把录音笔、摄像机或者手机打开，让机器去记录整个过程，这种轻视访问记录的态度自然是错误的。本节介绍融媒体时代访问记录的重要性以及做好访问记录的基本要求和方法。

## 一、新媒体时代采访笔记的重要性

记录方式的选择要根据采访的目的、时间的长短、采访对象以及实际采访的条件来决定。在新媒体时代，技术的发展打破了原来地域时间的限制，采访手段多样化也使记录变得更简便。但简便的方式和手段也让很多年轻记者产生了技术依赖性，认为如今的记录就是把设备打开让机器自动完成，记录不再需要人为进行更不需要靠传统的纸笔来完成，这种观点自然是错误的。

### (一)采访笔记的现场作用

俗话说"好记性不如烂笔头"，此话指信息仅依靠大脑记忆很难记住，并且随着时间推移记忆总会消退，依靠纸笔记录可以解决这个问题。新媒体时代随着数字记录设备的发展，纸笔似乎已经不是记录的主要工具，取而代之的是智能手机、录音笔等。但是设备记录由于整个过程没有人为的参与，对于采访者来说仍然是陌生的，记者在写稿的时候虽然可以通过录音录像回放的方式帮助回忆，但是需要花费大量的时间找到自己想要的部分。另外某些较为特殊的采访活动，采访对象出于保护自己的目的往往会对设备记录较为抵触，这时依靠纸笔方式记录仍然是主要的方法。

### (二)采访笔记的留存作用

许多年轻记者认为采访就是"一次性"的活动，采访完成新闻制作发布完成后，所有采访的记录就不再有价值，无须长期保存。这种观点是对新闻采访的误解。采访是对历史的记录，其具体过程对于后期很多活动具有重要的参考价值，因此采访记录应该被有效保存。电子记录保存有其占地小、后期检索方便的优势，但是电子设备随着时间推移容易损坏的特点也为其长期保存带来了风险。纸质记录虽然在保存和检索便利性上不如电子记录，但是其长期保存的可靠度是要高于电子记录的。因此，作为档案资料的存储纸质记录必不可少。

（三）采访笔记对后期整理提供便利

设备记录内容在后期仍然需要进行整理才能真正体现其价值。对电子记录的整理是一件耗时耗力的事情，而在采访过程中同时进行笔记能让记者在整理过程中快速形成逻辑条理和思路，大大减少处理后期内容的时间和精力。

## 二、访问记录内容的要求和方法

（一）记要点

访问的目的是为了获取所需要的材料。在访问过程中对象会提供各种各样的信息，一字不漏进行记录没必要也不现实。特别是有电子设备进行辅助记录时，对整体所有内容的记录更是多此一举。此时记要点就成为关键。所谓记要点，指的是记者对所听到信息关键点进行概括性的记录，这些信息能够提示我们回忆起采访对象当时表达的内容。要点内容包含广泛，往往是一些典型事例、情节、语言或者个性化的语言，还包括一些人名、地名、时间等内容。要点往往混杂在众多的信息当中，而语言表达又是转瞬即逝的，因此如何在众多信息中抓住要点是记者记录的关键。

（二）记疑问点

在访问过程中，对象提供的内容材料与记者前期掌握的信息不符，或者不符合日常逻辑，对于这些疑问，在采访访问过程中，记者要进行记录，在访问过程中可以让采访对象作补充说明或者在事后进行核实。

（三）记特色

记特色指的是一方面记录采访对象思想的"闪光点"和能够反映其思想的个性化语言，语言是表达思想的方法和手段，采访对象通过语言表达思想，同时也是提供信息的最主要渠道。采访对象语言中所表现的说话方式、语气都是需要记录的特色内容。另一方面是记录采访对象的表情、特征，采访的环境布置、陈设和天气。采访对象的表情和特征常常能够提供许多潜在的信息，反映对象的情绪，这些内容虽然不是很直接但是对于事物的理解具有重要的意义。

（四）记想法

在采访的过程中，记者常常会产生一些自己的想法。这些想法是对采访材料的第一反应，转瞬即逝，过后往往很难回忆起来，因此在采访记录过程中一定要及时记录这些想法。在后期信息处理过程中，记者只需稍加整理就能够进入新闻写作阶段。

## 三、记录方式

### (一)心记

心记，就是记者在现场访问时，将所见、所闻的真人真事的材料强记心中。心记，又叫默记、诵记、脑记，心理学叫"有意识记"。心记是最重要的记录方式，十分考验采访者的记忆能力，其缺点是记忆不够准确且内容保存时间较短。心记主要应用于特殊的采访场合，适用于容易紧张的采访对象，或者拒绝记录的对象。

### (二)笔记

笔记作为最传统的记录方式，在新媒体时代主要是作为电子记录的辅助手段。著名记者范长江是这样记笔记的："采访时一般不宜拿出笔记本做笔记，主要靠记忆。有些容易遗忘的如数字、人名、地名以及谈话的重点，如在秋冬的话，把手插在大衣口袋里，用铅笔头在卡片上记下。能速记的更好，如做不到，则在采访后追记。"

笔记主要分为详记、简记、缩记和略记。详记又称为有闻必录，是对所有听到的内容尽可能完全进行记录的方式。详记对记录者速记能力有较高要求。在新媒体时代由于电子设备记录已成为主要的记录手段，详记已不常用。简记是有针对性地对重点、有意义的、主要的事实和内容及易忘的材料进行记录。简记可以帮助记录人快速回忆采访当时的情景和主要信息，作为电子记录的辅助手段，这种记录方式被广泛采用。缩记指的是记录者使用自己创造的一些符号来替代重复出现和繁杂的词句。略记指的是用较快的时间把所听到的东西进行记录，记录过程不求完整但要能记录表达的意思。

### (三)视听记录

视听记录主要分为三种形式：图片记录、录音记录和影音记录。图片记录指的是使用新闻照片，对采访现场的环境、人物以及过程进行图片采集留存的过程。录音记录指的是通过录音设备对现场采访的声音和声响进行采集。影音记录是同时对图像和声音进行采集，是较为全面的视听记录方式。融媒体时代视听记录以其快速、准确的特点成为采访记录最重要的手段。

## 四、访问记录形式的要求和方法

### (一)灵活机动

采访过程中会遇到各种事，也会遇到各类人。针对不同的情况，处理要灵活机动，找到解决问题的办法。有些特殊的环境不允许采访者采用一些仪器设备进行记录，这时心记和笔记就只能作为记录方式。有些采访对象出于自身的考虑不愿意采访者进行视听影像记录，那么尊重被访者的要求也是必要的。作为一名记者，不能只掌握一种记录方法，所有的记录方式都要能够掌握。

(二)视听记录与其他记录方式结合

随着移动互联网和手机的功能逐步强大，视听记录变得越发便捷，许多记者也把它作为主要的记录方式。但正如上文所提，单独仅依靠视听记录会增大后期处理信息的成本，看似方便实际要花费的精力更多。因此视听记录一定要结合传统记录方式进行，通过其他记录方式能够有效克服它的缺点，提高记录效率和准确性。

# 第四节　分析采访对象的心理特点

采访过程中对采访对象心理把握至关重要。采访准备期需要说服采访对象接受采访，采访过程中要能够让其愿意提供更多信息，这些都需要充分把握采访对象的心理特点。本节就采访对象心理特点进行分析。

## 一、分析采访对象的心理特点

新闻记者在进行采访时经常会遇到这样的情况：采访对象摆出"无可奉告"的姿态，或者回答顾左右而言他牛头不对马嘴，或采访对象性格内向不善交流，这样的情况常常会导致采访的失败。出现这种情况的原因就是记者没有把握好采访对象的心理特点，对其进行正确的心理引导。采访对象的心理比较复杂，一般来说分为两个层面：一是较为稳定的个性心理层面，另一个是随时变化的社会心理层面。前者表现了采访对象在长期成长生活过程中形成的稳定的心理特征，后者表现为面对不同采访内容时形成的不同表现。

(一)个性心理特征的制约

个体成长环境、个人经历等因素的不同，会形成自身独特的心理特征。一般来说这种差异主要表现为两个维度：理性或感性，外向或内向。基于这两个维度，个性心理特征主要表现为四种类型：理性外向型、理性内向型、感性外向型和感性内向型。

理性外向型的个体主要表现为对问题善于思考，能够提出自己的意见和建议且善于与人交流表达观点。理性外向型性格的个体是新闻记者最愿意遇到的采访对象，面对这样的对象记者无须过多引导设计，采访对象就会主动把信息传递给记者，而且这些信息都具有较高的价值。这种情况下，记者无须过多提问，只需加以引导，过多的问题往往适得其反。但是，当这类采访对象有些信息不愿意提供而刻意隐瞒的时候，新闻记者也很难获得真相。

理性内向型的个体主要表现为对问题具有自身的想法和深刻的见解，但是不愿意表达，不善于与他人交流。这类采访对象需要记者通过问题进行有效引导，当进入他们较为熟悉擅长的领域时，他们的"话匣子"就会打开，就会忘记拘谨，而其提供的信息价值往往较高。

感性外向型的个体主要表现为非常健谈，大大咧咧，也不会刻意隐瞒信息，其思维也比较活跃，但这样的采访对象非常容易受到情绪的影响，采访内容也经常会出现跑题的现象。面对这样的采访对象一方面记者要维持其谈话的积极性，但另一方面也要把握好采访的主题，当出现跑题的时候，记者应该及时干预，巧妙地将话题拉回主题上。如果记者不加以干预控制，往往会出现采访时间过长且没有获取有效信息的结果。

感性内向型的个体主要表现为个体内心活动比较丰富，容易受到外界因素的影响而情绪不稳定，并且不善于与他人交流。这类采访对象是记者最不愿意遇到的类型。面对这样的对象保持良好的采访环境，记者尽可能围绕他感兴趣的话题进行提问，不然冷场是不可避免的。

了解采访对象的心理特征，分析其人格特性，设计相应的采访策略是非常重要的。但需要注意的是新闻记者的出现本身就有可能改变采访对象的心理环境。新闻记者作为外来闯入者的角色，对于采访对象来说他一定会采取"戒备"的心理，特别是当提出的某些问题带有明显涉及隐私或者观点性的时候，这样的戒备情绪更会出现。因此有可能原来外向型的个体在记者面前就变得沉默寡言，而原本就内向的个体变得更加紧张。因此作为新闻记者要时刻对现场的采访过程进行把握，具有处理任何情况的能力，对发现采访对象有异样的情况，应该及时了解原因，缓和双方之间的关系和情绪，消除那些不利因素，从而使采访能够顺利进行下去。

融媒体时代的新闻采访对消除采访对象心理障碍具有其特定的优势。新媒体可以采用多种技术方式，如果对象确实在接受面对面采访时有所顾虑，可以采用远程采访的方式，这样对象在自己相对熟悉的环境下可以避免采访时环境的陌生感，另外由于记者和对象之间隔着屏幕往往使其能够较为放松，消除其在采访过程中的紧张感。

（二）社会心理的制约

个人因素固然是影响采访对象心理的重要因素，社会因素也会产生极大影响。在不同的新闻事实内容面前，采访对象都具有其不同的动机，而这些动机往往会左右他们在采访过程中的表现。在采访过程中对方往往表现出四种情况：积极配合采访、消极应付采访、借故回避采访、故意阻挠采访。面对不同的情况和采访对象的动机，记者需要制定不同的采访策略以获得最有用的信息。

积极配合采访。当新闻记者进行采访的时候，采访对象非常热情，积极主动配合。这样的采访对象需要记者注意，判断其是否有宣传自己的目的，或者认为采访活动会给自身带来相应的利益。现在很多个人和企业都有媒体宣传的意识，认为媒体是重要的资源，只要正确引导媒体做出对自己有利的报道，自己就能从中获利。而有一些采访对象为了刻意掩盖自身的问题，不希望被报道，也会表现出对记者格外的热情。在这样的情况下，记者一定要保持清醒的头脑，不能被眼前的情况所打动，要充分认识到采访对象的动机，在了解实际情况的基础上对事实给予正确的评价和报道。

消极应付采访。采访对象采用这样的态度可能是采访活动与自身关联不大，但由于某些外界原因必须要接受采访，因此采用敷衍记者的态度。当然这其中可能还有记者本身的原因，比如记者在采访过程中出现言语不当从而给采访对象留下负面印象，导致采访对象对记者的不信任。

借故回避采访。这类采访对象往往不愿意接受采访，认为采访会给自身带来负面的影响或者与自己关系不大。出现这种情况的原因有很多，记者要表现出对采访对象的理解，并设法能够与其进行沟通以取得采访对象的信任和认可。

故意阻挠采访。这类情况主要出现在采访对象认为新闻报道活动会对自身产生不利或者负面影响的时候，为了不让这样的情况发生，利用权力或者暴力的手段阻挠记者采访，严重的甚至采用威胁、恐吓甚至是直接暴力的行为进行阻挠。这种情况往往是采访对象有违法犯罪的行为，一旦曝光会对自身造成极大危害。正是因为这种情况的存在，记者工作也存在一定的危险性，而我国法律体系对记者人身保护内容也不健全，使其存在较高的风险。针对这样的情况，记者首先应该保障自己的人身安全，在此前提下巧妙躲避阻挠，让事实能够曝光在大众的视野下。

## 二、解决采访对象不接受采访的方法

采访对象不愿意接受采访是记者在采访过程中遇到的首要困难。解决这个问题首先需要分析其不愿意接受采访的具体原因。对于采访对象来说不愿意接受采访的原因很多，在了解原因的基础上，下一步就是找到解决问题的具体办法。根据原因不同解决问题的方法也不尽相同。对于有些采访对象害怕个人隐私被暴露的问题，可以向其承诺保护消息源，不透露对方姓名，甚至可以进行书面保障。对于有些采访对象性格内向不愿意面对面采访的问题，可以采用远程线上访问的方式。当我们无法弄清采访对象不接受采访的原因时，也可以采用一些其他方式，比如找朋友或者熟人介绍，直接到对方办公室或在途中等待，多次接触软磨硬泡见机而上，转换身份进行暗访等。当然这些方法都是记者在无可奈何的情况下采用的，当我们能够有更有效解决问题的方法时，这些方式不推荐使用。

# 第八章  新闻采访中的观察与倾听

著名记者柏生为采访刚刚落成的毛主席纪念堂，竣工前曾到现场仔细观察过好几次。纪念堂从设计到施工至落成，中间有些改动，比如北大厅，原设计装灯 125 盏，但最后落成是 110 盏，由于柏生坚持到现场观察，发现了书面材料上的数字与实际安装数的差错，及时予以更正，从而避免了报道的失误。

新闻采访实施过程中观察和倾听是记者需要掌握的关键技巧。新闻采访是一个立体的全方位的过程，不仅仅是记录采访对象提供的信息，而且记者通过眼睛看、耳朵听的方法还能获得很多采访对象没有提供但是隐含的新闻信息和线索，而这些内容往往会有很高的新闻价值。观察和倾听就是利用个人的感官去获取信息并经过大脑的积极思考分析，从而有目的和有计划地把握感知对象。新闻观察和倾听是记者依据一定的采访任务，通过眼睛耳朵这样的感觉器官和大脑对客观事物的外部现象与联系综合反映进行新闻采访的社会活动。

## 第一节  新闻观察的方式与作用

新闻观察指的是记者在采访过程中对新闻事件现场环境和采访对象动作、神态和表现进行的视觉记录。新闻观察不仅能够帮助记者迅速捕捉到现场的氛围和让人难忘的细节，而且往往能够让记者敏锐察觉到事实背后隐藏的新闻价值和新闻线索。

在新媒体时代，新技术的发展让许多年轻记者依赖电子设备进行采访记录，因此往往会忽视现场观察的重要性。而远程的线上采访，由于与采访对象处于不同空间，采访画面清晰度又较难达到要求，因此新媒体给新闻观察提出了更高的要求。

### 一、新闻观察的重要性

#### （一）促使新闻报道真实可靠

在日益复杂的新闻环境，特别是新媒体环境下，虚假新闻问题日益严重，这直接影响新闻内容的可信度。究其原因是新闻记者过于依赖网络消息，没有实地去验证、现场踩点观察导致新闻内容失实。对此，新闻记者需要善于使用观察的技巧，对现场和人物进行了解，挖掘新闻真实有效的信息，以此增强新闻报道的真实可靠性。

（二）促使新闻报道更具真情实感

融媒体时代受众对新闻内容的要求越来越高，现场体验感是其中重要部分。对新闻事件的报道除了真实可信以外，对新闻事件的细节描述能够大大增强现场感从而激发受众对新闻事件的兴趣，因此新闻记者在采访过程中运用观察的方法，在保证新闻真实性的同时，对新闻现场的氛围和感受进行描述，有利于拉近新闻内容与受众的距离，增强现场感和体验感。

（三）促使新闻表现力增强

在新闻采访过程中，观察可以更深一步挖掘新闻背后的信息，增强新闻价值，提升新闻质量。另外通过观察的方法可以发掘新闻发生过程中有趣的话题，提升新闻内容的表现力和吸引力。

（四）促使记者深度挖掘新闻线索

记者在采访过程中能否挖掘到有价值的新闻线索直接决定着新闻采访的整体水平。观察作为记者获取信息的重要途径，在挖掘新闻线索方面有着重要的意义。很多有价值的新闻线索都不是采访对象直接通过语言告诉记者的，需要记者通过自己的眼睛来了解这些内容。

## 二、新闻观察的方式

人类学的研究方法中主要存在三种观察形式：参与性观察、非参与性观察（直接观察）和隐匿观察。这三种方式被新闻学借鉴和运用，形成了在新闻采访中的三种观察方法。

（一）参与观察法

参与观察法由英国人类学家马林诺夫斯基首创。第一次世界大战期间，他曾到新几内亚的特罗布里恩德岛进行实地调查。他强调调查者和被调查者在生活上必须打成一片，实行同吃同住，调查者还必须熟悉并掌握当地人的语言或方言，如果能够运用自如则更好。这样，对当地人日常生活的细微之处，以及影响整个当地社区的重大事件，都能观察入微，从而更好地对当地社区文化做出深入的研究和解释。马林诺夫斯基认为，人类学者不应当只是个被动的观察者，而应当是一个主动的参与观察者，想方设法去寻找自己需要的资料。通过全新的参与观察，马林诺夫斯基对特罗布里恩德岛的整个社会和文化有了全面而又深刻的了解，并在此基础上撰写出了一系列文章，为人类学者树立了良好的典范。①

参与观察法作为人类学研究的重要方法被运用到新闻采访中。参与观察法分为参与和观察两个部分。在新闻采访过程中，新闻记者通常要以自己的职业身份"介入"，参加被观察者的客观"活动"，成为"活动"中的一员，在参加活动的过程中体验采访对象的生活。体验式采访是参与式观察的重要形式。

参与观察对于新闻采访来说具有重要的意义。一是参与观察法能够让新闻记者保持"局内人"和"局外人"双重身份，以"主位"与"客位"的意识参与到被采访对象的生活与事件中。这一过程中，新闻记者既能用"主位"或"局内人"的身份来接近、理解采访对象，又能跳出来从"客位"或"局外人"的角度洞悉事实的本质，以点带面地展现新闻事实背后的价值。二是参与观察法能提高新闻从业者所收集资料的质量，同时也能提高新闻作品的解释力。参与观察法迫使新闻从业者到现实的新闻传媒运作环境中去观察、体验、感受，同时收集第一手资料，从更深的层面去感知和理解新闻采访活动以及新闻学领域存在的一些现象，从而获得大量真实的、未经掩饰的、更为立体且丰富的信息和资料。三是参与观察法有助于新闻工作者深入基层，切实践行"走转改"。参与观察法让新闻工作者真正贴近生活、贴近群众、贴近实际，有利于"走转改"活动的开展。同时有利于推进新闻改革创新，把镜头和话筒更多地对准基层，充分发挥新闻媒体联系党和人民的纽带作用，用贴近群众生活的生动事例，用群众生动活泼的语言，用群众喜闻乐见的形式，真实反映社情民意，从而保证新闻信息的真实准确，增强新闻宣传的吸引力和感染力。

融媒体时代参与观察的报道方式正在成为最重要最新颖的报道采访形式。2019 年是新中国成立 70 周年、中国工农红军长征出发 85 周年、五四运动 100 周年，是红色文化传播的大年。为大力弘扬伟大长征精神，中宣部于 2019 年6 月 11 日启动了"壮丽 70 年·奋斗新时代——记者再走长征路"主题报道活动，全国共有 30 多家媒体的 1300 名记者沿着革命先烈的足迹，深入挖掘艰苦卓绝长征过程中的感人事迹，发布形式多样的新闻报道 1 万余篇，网络阅读量近 20 亿次，为新中国成立 70 周年创造了良好的宣传氛围。此次主题报道活动充分体现了融媒体时代体验式采访的价值。记者深入当年长征的真实场所体验红军当时的生活，采访当地的人民，不但回顾了长征历史也对红色革命老区现代的发展进行了系统性的展示报道。在采访报道过程中融媒体的表达方式也得

---

① 李明. 人类学参与观察法在新闻采访中的运用初探[J]. 视听，2017（2）：153.

到充分运用，新闻内容通过文字、视频、图片、互动、直播等方式展现，不但加强了报道的深度和广度，而且极大增强了报道内容的吸引力，使本次主题报道获到巨大的社会反响。

（二）非参与性观察法

非参与性观察法指的是记者脱身于观察事物之外，以旁观者、目击者的身份进行观察的一种新闻观察方式，在这样的环境下，记者与采访对象完全是采访和被采访的关系。在新闻采访过程中非参与性观察法是最常用的观察方法。

（三）隐匿性观察法

隐匿性观察法指的是记者不公开自己的身份，有时甚至采用伪装身份的方法进入事件现场进行采访观察的方法。隐性采访是隐匿性观察法在新闻采访中的实际运用。

隐性采访，是指在采访对象不知情的情况下，通过偷拍、偷录等记录方式，或者隐瞒记者的身份，以体验的方式或者其他方式，不公开获取已发生或正在发生又未被披露的新闻素材的采访形式。隐性采访具有三个特征：第一，记者隐去了记者身份而出现在新闻事件的现场。第二，采访是在被采访者未知的情况下进行的。第三，采访未事先征得被采访对象的同意。

正是由于隐性采访的特点，围绕这种采访方式的伦理道德层面的讨论从来也没有间断过。一方面隐性采访确实能够获取公开采访无法获取具有重大新闻价值的信息，而且很多信息是对整体社会健康稳定发展具有重大意义和价值的。另一方面，隐性采访获取信息的方式确实存在伦理道德甚至是法律的风险，当这种方式滥用时会严重影响社会稳定和发展。

2014年7月20日18时40分，上海东方卫视播出了一个时长仅为7分钟的《食品工厂的黑洞》节目，揭示了美资上海福喜食品公司涉嫌严重违法生产经营的新闻，新闻一经播出便引起了社会极大的关注。从2014年5月起上海三位电视记者"潜伏生产线进行了两个多月的卧底调查"，以暗中摄录的图像和交谈，披露了这家麦当劳、肯德基、必胜客等洋快餐连锁店的肉类供货商使用过期、变质、次品原料，偷换保质期标签，编制阴阳账本等不法行径。在新闻播放完后的19时35分，上海市食品药品监督管理局副局长就率队到达位于嘉定区马陆镇的福喜食品公司门口，那里距上海市中心车程超过半个小时，可谓神速。福喜门卫以制度为由把局长拦在门外，纠缠了一个半小时方才允许入内，其缘由不言自明。时至深

夜，食药监局还会同公安部门对福喜实施查封。21 日早 8 点，卧底摄录的内容又加上昨晚电视台记者随同执法队伍前往现场拍摄的内容制成又一个节目播出。同一天，上海市委书记和市长都做出批示，要求食药监、公安、工商等部门共同彻查严处，依法一查到底。23 日，警方对福喜公司负责人、质量经理等 5 名高管(后来又增 1 人)依法予以刑事拘留。

"福喜事件"的暗访是隐性采访史上一次颇为成功的案例之一，无论是从采访的过程来看还是从采访的主体、采访的效果等方面，几位卧底采访的记者都做得非常成功。然而，即便是成功的卧底它同样存在一定的伦理问题，正如一位外国学者断言："所有的隐身采访都是欺骗。"①

### 三、新闻观察的作用

有助于记者直接获取第一手材料，验证间接性的材料。新闻观察的方法是一手资料的收集方法，这种直接从新闻信源处得到信息的方法能够保证信息相对真实准确。另外这种方法可以对所查找到的二手资料进行验证，以确保新闻背景资料的准确。

有助于还原新闻现场细节，增强报道内容的生动性和现场感。记者通过对

---

① 闫明. 浅谈隐性采访的规范流程——以"福喜事件"为例[J]. 西部广播电视，2019(4)：39-40.

事件现场的观察能够发现很多细节，对细节的报道能够更真实和全方位反映事件发生发展的原因和过程。另外记者在现场基于观察所形成的主观感受通过报道能够直接传递给受众，增强受众的现场感。新闻观察是增强新闻报道吸引力的重要方法。

有助于记者发现有价值的新闻线索和隐藏在背后的真实情况。在采访过程中采访对象常常会由于各种原因不愿意或者避重就轻地提供信息，记者通过观察可以发现此类情况从而能够及时调整采访策略以设法获取真实的信息内容，往往这些内容具有较高的新闻价值。

特殊情况下可以成为记者采访的"武器"。通常情况下新闻采访需要征得采访对象的同意，但是有些信息的获取无法在其同意的条件下获得。在这些特殊的采访活动中，观察法就成为最重要的方式了。为了社会利益和责任在迫不得已的情况下采用的隐性采访就是记者采访最有力的"武器"。

# 第二节　新闻观察的内容与方法

新闻观察活动中，观察的主要内容是现场和人物，本节主要讲述新闻观察的内容和需要注意的问题。

## 一、现场观察

现场是新闻事件发生的具体场所，是新闻事实存在的依托和表现形态，以空间的形式来展现。任何新闻事件的发生都离不开具体的现场，作为新闻记者采访首先要奔赴的是第一现场。

### (一)现场观察的主要内容

观察现场的环境特征和事件发展的过程。记者进入新闻事件发生现场首先接触到的是现场形貌环境。新闻事件现场的场景、气氛和环境对于表现与理解新闻人物和新闻事件有着重要的意义，这对烘托新闻人物、深化新闻主题起着重要的作用。记者对于现场观察的描述也会增强新闻报道的吸引力，使受众能够有身临其境的感受。记者还应该对新闻事件发生发展的过程进行观察，新闻发展过程是新闻事实存在的依托和表现形态，是观察的主要内容。

融媒体时代的现场观察也可以充分使用新技术手段，如通过慢直播的方式设置固定机位，把新闻事件现场发生的场景直接展现给受众，让受众成为现场的观察者和新闻事件的参与者。

### （二）现场观察的注意事项

不是所有的现场观察都能成功，这取决于记者对现场观察技能的掌握和对具体事项的注意。这些注意事项主要有：

明确观察目的。明确观察目的是有效地把注意力集中起来的方法。在每次进入现场之前，记者一定要有所准备，确定这次观察是为了什么，重点需要观察哪些事物。漫无目的随便看看，是达不到观察效果的。

多问多请教。记者在现场应该主动向专家或熟悉情况的人请教，最好能够陪同专家进行现场观察。很多事物具有很强的专业性，记者作为"门外汉"并不能一下子看明白看清楚，正所谓"内行看门道，外行看热闹"，在观察过程中有专家在身边，记者及时提出自己的看法进行请教，即便说错了也可以得到专家指正，大大提高观察效率和对事物认识的准确性。

抓住现场发生的特点。将客观事物特点提取，然后与有关事物进行比较，并在此基础上抽出事物共同的、本质的特征进行概括，最后形成认知，这是记者在现场观察中的思维过程。因此在观察了解全局的基础上，记者应能够抓住事物发生的特点，达到认识反映事物的目的。

选好观察的地点。观察地点指的是在观察时记者处于什么位置，这个位置既指实际的地点，更指观察的视角。首先是观察地点的选择，若是在室内进行采访，记者应尽可能坐在靠门、窗或者灯光处，以便清晰观察采访对象的音容笑貌和神情语态；若是在室外观察，应该使自己尽量处在物体的感光面以便能够观察到全局发生的情况。其次，观察视角指观察目标最边缘与眼球连线所形成的角。所谓视角敏锐度指人眼分辨细小、遥远的物体以及物体细微部分的能力。在选择观察视角的时候，一要使记者与观察目标正面相对，这样才能看清楚人物的表情和事物发展的全貌。二要尽量接近观察目标，目的是增强视觉对事物的敏锐程度。再次，应避免听觉刺激对视觉的干扰，人的感觉器官紧密相连相互作用，如果听觉刺激过于强烈会极大干扰视觉获取信息的效率，因此选择相对安静的位置进行观察是非常必要的。最后，观察时要注意动和静相结合，既不能东游西荡到处观察，也不能固定一点，要根据观察目标特点，做到动静结合。

善用嘴、脑和资料。观察要与询问、思考和资料相结合。观察不是毫无目的，要抓到有价值的材料。观察过程中不是只用眼看的过程，它需要许多准备，如询问有经验的人员获得观察的线索，查阅资料确定观察目标，通过思考制定观察的方案和分析观察结果……观察还要注意各类方法的综合使用。

（三）提高现场观察能力的方法

要提升观察能力和水平，记者还需要掌握较好的观察技巧和方法，具体来说有以下几点：

对新鲜事物要保持浓厚的好奇心。新闻记者重要的素质就是要有好奇心，要在工作生活中时刻观察，对周围一切事物都有好奇心才能获得珍贵的写作材料。

在采访过程中保持目的的明确性。采访目的应该贯穿整个采访过程始终，观察作为一种采访形式也应该把采访目的放在中心。记者在采访中要牢记新闻主题，不同的新闻主题对记者有着不同的观察要求，记者需要有针对性地进行观察。

在采访过程中要占据合适的位置和时机。记者在采访时要认清自己所处的位置。位置角度是否成功会直接影响观察的效果。记者在观察时也要找准观察的时机。新闻事件是一个不断变化发展的过程，这个过程有时会比较长，在此过程中选择最有力的时段进行现场观察，往往能够获取最有价值的信息。

## 二、人物观察

人是新闻事件的主题，也是采访的对象。对人物的观察，不仅是新闻报道的需要，更是了解采访对象，促使采访顺利有效进行的需要。人物观察是新闻观察的重要组成部分。

（一）观察人的外貌

外貌是给人的第一印象。对采访人物外貌的观察就是对其音容笑貌、衣着打扮、姿态神情和行为举止等特征的观察。只有对这些特点认真观察，写出的报道才能跃然纸上，给受众极佳的体验和现场感。

（二）观察人的语气和动作

人物有特色的动作和语言是新闻报道中必不可少的内容。通过观察抓住这些动作和语言，把它们呈现给受众，不仅能充实丰富报道内容，而且可以增强新闻的可读性。语言语气会表达出人们不同的态度，特别是一些不好直言的话，若委婉表达，可避免尴尬，这些都需要记者观察把握，以便捕捉采访对象的真实意图。此外，肢体动作也能反映出采访对象的内心活动，这也是记者需观察的重点。很多时候，一些人会刻意地注意语言语气，但会因为一些下意识的动作而体现出自己的内心活动，记者通过观察采访对象的肢体动作，可以判断其所说的内容是否真实，以此辅助新闻采访。

# 第三节　提高新闻观察效果的途径

## 一、把握观察时机和角度

提高新闻观察效果首要的途径就是要通过不断观察练习和经验积累找到最好的观察时机和角度。只有在最佳的时机记者才能获取最有意义的内容，只有最好的角度才能更好地对采访对象进行观察。

对新闻事件不同角度的观察所获得的效果完全不同，最好的效果只有一个角度。因此新闻记者必须抢占这个最好的角度，针对具有新闻价值的关键内容进行细致观察，以获取最有效的信息。

在新闻观察中要科学把握观察时机，事物的发展不是一成不变的，面对不断变化的新闻事件，观察时机的选择就变得格外重要。记者应抓住有利时机观察事物变化发展的典型状态，否则会错过大好时机。

要提高新闻观察能力，首先就要找到正确的观察时机和角度，而这个能力的提高需要长期的经验积累，不是一蹴而就的。

## 二、观察与询问相结合

观察顾名思义是用眼睛看，眼睛是观察的主要工具，但是在新闻采访过程中走马观花式的观察起不到任何作用。观察一定要细致要有目的，因此提高敏锐的观察力和细节捕捉能力非常重要。新闻观察绝对不能只用"眼睛"，"嘴"同样非常重要。通过询问有经验的人能够快速明确自己的调查目的，了解要观察的重点和细节有哪些，特色是什么，从而大大提高观察的效率，提升观察能力。

## 三、宏观观察与微观观察相结合

宏观观察指的是记者在新闻采访中对新闻现场及新闻事件本身进行大范围观察的一种能力，重点观察新闻事件总的情况和印象，客观地对新闻事件进行评价。微观观察指的是记者在新闻采访中对一些有特点的事物、人物的观察，以抓住新闻事件中有价值的材料。新闻观察要注重宏观和微观的结合，既要能够观察事物发展的全局，对事件有全方位、多角度的认识，也要能够观察到细节，这样才能使内容更生动，更有感染力，更吸引受众。

### 四、观察与理性思考相结合

观察的目的是为了获取有新闻价值的材料，从而写出最好的新闻报道。但是面对观察到的同样场景，不同的新闻记者会有不同的价值判断。有些记者会认为其具有新闻价值值得进一步深入挖掘报道，有些记者却可能觉得这毫无价值，不值得关注。出现这些现象的本质原因就在于不同的人由于理性认知水平的不同从而对事物判断会出现不同。观察最终能否形成好的新闻报道，还取决于记者自身理性认知水平的高低，因此提升新闻观察水平还需要记者提高自身的理性认知力。

### 五、联系背景和现场

新闻采访过程中，不是以个人视角对新闻事件全貌进行走马观花式观察，而是有明确目标，有针对性的观察。新闻观察本身具有较强的主观性特征，为了达到全面、有效的观察目的，新闻记者在开展观察活动之前一定要对新闻相关事件和人物进行详细调查了解，然后带着思辨和求证的目的发现哪些是值得观察和思考分析的内容，哪些是需要侧重观察和分析的内容，以此展开观察才是正确的观察方式。所以说，新闻采访观察一定要联系背景和现场进行有目的的观察。

新闻观察能力的提高不是一蹴而就的，需要长时间经验的积累。作为青年记者，应该多向老记者请教，积极参与到实际的采访工作中去，积累经验才是提高新闻观察的最终方法。

## 第四节　采访中倾听的作用

倾听同观察一样，是通过感官获取新闻信息的手段。采访中的倾听指的是记者在采访过程中对新闻事件现场环境和采访对象发出的音响和语言进行听觉记录。对于记者而言倾听是新闻采访过程中非常重要的一环，虽然看似非常简单，但想要做好却非常不易。在采访过程中听得仔细、听得真切才能对采访内容和对象有深刻的了解和认识，才能获得有价值的信息内容，从而为新闻采访报道提供有用的材料。

### 一、记者的倾听

#### （一）身体倾听和心理倾听

身体倾听指的是在新闻采访过程中，记者通过肢体语言，比如点头、微笑、鼓掌等行为，来表示对采访对象提供信息的接收，表现出对其的关切和陪伴。身体倾听是记者对于采访对象讲话的积极反馈，是整个采访中非常重要的一部分。记者有效的肢体反馈常常能够激励讲话者提供更多有用的信息，促使其具有更多表达的欲望。新媒体时代当采访的时空限制被打破的时候，身体倾听也正在消失。利用互联网进行的采访使得直接的反馈变得不清晰，原有的身体倾听的积极作用也不再出现。

心理倾听指的是记者不仅要听采访对象语言中传递的信息，还要特别注意语言表达时的语气和语调，从中了解采访对象的心理变化。心理倾听是记者发现隐藏的有价值新闻线索非常重要的方法，也是倾听最重要的目的。心理倾听需要记者有丰富的社会经验和语言敏感性，能够抓住语言背后的关键点，这对于年轻记者来说具有较大的挑战性。

(二)选择性倾听和非选择性倾听

选择性倾听指记者根据采访目标要求采取主动的方式，引导采访内容的发展趋势，使采访能够向预期的方向发展。选择性倾听要求记者带有明确的导向性，使采访对象不会偏离采访主题，保证采访的内容和质量能够符合要求。但同时这种倾听方式也会使内容过于呆板，不会有新的新闻价值和新闻线索出现，报道质量能够合格但不会出彩。

非选择性倾听指记者对采访内容不做决定性要求，而是让采访对象占据主动，根据采访对象的反应做出回应。这种方式能够鼓励采访对象进行表达，还能够意外获得很多有价值的信息，而基于这些信息撰写的报道能够非常出色。但同时这种倾听方式容易造成采访对象偏离采访主题，提供无效内容过多的情况。因此采用非选择性倾听对记者要求更高，需要记者具备能够在听的过程中潜移默化对采访对象进行有效引导的能力，使其能够始终围绕主题提供信息。

## 二、采访中仔细倾听的作用

### (一)了解事实真相

采访的目的是从采访对象口中获得有价值的新闻素材。受众需要新闻的原因是基于其对未知事物知晓的欲望。但是新闻记者自身也不是"万事通"，他们在采访之前对新闻事物也可能一无所知，最终也需要依靠知情人的叙述慢慢接近真相、了解事情，然后通过编辑再将这些内容传达给受众。因此记者进行新闻报道的第一步就是要从知情人口中获得有用的信息，而倾听是了解信息最直接的方式。

互联网上消息来源很多，但同时消息的准确度却在下降。作为新时代的记者不能只通过网络"道听途说"进行报道，这很容易造成新闻失实。因此在互联网社会记者更要注重倾听的作用，配合现场观察的方法，才能尽可能地了解还原事情真相。

（二）发现新闻线索

记者在采访前都会进行准备，查找背景材料，撰写采访提纲。但是采访是一个动态的过程，采访过程不可能完全按照记者设想和预料的方向持续发展。记者的一个重要素质是随机应变，也就是说，要在倾听的过程中不断发现新闻线索，改变访问的重点和方向，从而获得更多有价值的新闻内容。

（三）提供写作思路

记者倾听的过程是不断探索了解真相的过程，在此过程中也在形成对新闻事件的看法和判断，新闻写作的思路也是在这个过程中产生的。倾听的过程是记者了解消化加工新闻事实的过程，写作思路和灵感常常也在此期间形成。

## 三、采访中倾听谈话的原则

（一）注意力高度集中

听是人与人之间最基本的交流方式之一，看似非常简单无须特殊训练就能完成。但对于专业的记者来说，他们的倾听不同于普通人，而是更具有目的性和指向性，听的效果也直接决定了新闻报道的最终质量。

采访过程中采访对象提供的新闻线索记者要全神贯注倾听，很多有价值的新闻线索常常就隐藏在看似杂乱无章的信息中。

（二）全面地倾听

在采访过程中，记者不仅要听采访对象在说什么，还要注意其说话的语调、语气，说话过程中所表现的行为动作。在利用新媒体工具进行的采访过程中，由于时空的阻隔，会出现全面倾听困难的问题，这时作为记者更应该通过多种渠道对信息进行验证，以保证所获信息的准确性。

（三）耐心地倾听

采访对象都不是专业人员，在提供信息的过程中不可能自身进行信息过滤，一下子把有新闻价值的内容提供给记者。因此他们往往是按照记忆的逻辑顺序来提供信息，在此过程中还难免加入自己的主观评价和个人想法，也可能出现偏题的问题。记者在此过程中一方面需要进行采访方向的引导，另一方面也需要保持足够耐心，为采访营造良好的氛围，不要出现不耐烦、不在意等不满情绪。

# 第五节　当倾听谈话的有心人

## 一、听见和倾听

听是获取信息的最重要的方式和手段。倾听远不是听见别人说话。你可以听见别人的声音，但并不等于你听懂了别人所要表达的含义。听见只是人耳接收到了相关的声波，神经网络把声波传输给大脑。倾听是在听见的基础上，大脑又对声音进行了加工处理，而使声音转化为信息的过程。

听是被动的过程，而倾听却是主动的。倾听需要声音接收者通过主观努力去理解声音背后的含义，通过加工处理了解真实信息。

## 二、融媒体时代倾听的障碍

### (一)信息选择障碍

融媒体时代，信息爆炸，大量冗余信息充斥互联网，听变得简单了，但是哪些需要倾听却变得异常困难，对于记者来说进行信息筛选成了首要也是最重要的工作。信息筛选需要记者具有更强的耐心和新闻信息敏感性，能够在众多"杂音"中迅速定位到有价值的信息内容。

### (二)内容表达方式的障碍

互联网有自己的语言，网络语言的表达与现实生活的表达存在一定的差异。在青年互联网族群当中，网络语言的表现形式是多样化的，信息的传递可以通过语言、文字、动画、表情和贴图等多种形式来传递，而许多表达方式所传递的信息也存在差异性和不稳定性。记者在倾听过程中常常会被各类网络语言弄得不知所措，甚至常常弄错含义，这给融媒体时代新闻记者的采访带来了极大困扰。

### (三)倾听中的干扰

在信息交流过程中会出现一些因素干扰整个过程。在新媒体环境下，有部分采访对象由于种种原因不愿意与记者面对面而选择线上采访的形式，甚至有的只愿意接受文字采访的方式，这些都为信息的获取和验证造成了极大干扰。记者在这种情况下获取的信息无法保证其完整、准确和客观，需要通过其他的方式和手段进行验证，这也增大了信息获取的成本。

### (四)选择性倾听

由于大脑自我保护的机制，人会过滤掉许多大脑认为"无用"的东西。体现在倾听中，就是我们自认为不重要的信息被过滤、被遗忘，而首先注意到我们认为重要的信息。这也就是我们会对听到的东西有一个主观判断，决定我们听什么、不听什么。但遗憾的是，我们的这种主观判断有时会出错。许多记者都会犯先入为主的错误，在采访准备时已经对采访对象和采访内容有了一定的印象，这些先入为主的印象和评价是导致选择性倾听的根本原因。选择性倾听会使信息获取出现错误，断章取义地理解内容会导致新闻报道的失实，许多报道错误也由此形成。

（五）缺乏兴趣

记者的采访选题有的是自主选择，有的却是被动的任务采访。对于很多任务性采访，记者往往缺乏对选题的了解和兴趣。通过采访准备可以加强记者对选题的了解，但是兴趣却无法改变。任何人对自己不感兴趣的话题都难以积极倾听，而人对话题的判断很容易出现极端：要不这个话题"非常有趣"，要不这个话题"非常无聊"。实际上，有时候一个你认为"非常无聊"的话题在你仔细倾听后，会发现它实际上还有点意思——如果我们预先告诉自己这个话题没劲，那它就会很没劲。记者个人兴趣因素会对倾听效率和效果产生极大的影响。

### 三、倾听的方法

（一）准确认识自己倾听的习惯

要想有效倾听，首先要了解自己的倾听习惯。了解自己的倾听习惯对于发挥自己的优势或者改进自己的劣势提高自身能力有重要的意义。例如，自己是否对别人的话匆忙做出判断，是否经常打断别人的话，是否经常制造沟通障碍等。可以说，准确认识自己的倾听习惯是正确运用倾听技巧的前提。

（二）全身心地投入倾听

全身心地投入倾听，要求记者采访过程中聚精会神，同时还要以积极的态度去倾听。要保证专心致志，避免出现心不在焉、思想开小差的现象。即使很多信息在准备过程中已经熟知，当采访对象进行陈述时也要认真倾听，切不可将注意力分散甚至表现出缺乏耐心。万一采访对象的发言内容有隐含意义，听者没有领会到或者理解错误，就会造成相当不利的后果。心理学研究证明，一般人说话的速度为每分钟120~200字，而听话和思维速度大约比说话的速度快4倍。因此，往往是说话者还没有说完，听者就基本能够理解了。所以，听者常常会由于时间的富余而"开小差"。也许恰在此时，对方讲话的内容与听者所理解的内容出现偏差，或是对方此时传递了一个重要信息，而听者没有理解或者理解错误。因此，听者必须时刻注意集中精力倾听对方的讲话，并用积极的态度去听。

(三)理解谈话的本意并向对方表达出理解

记者不仅要把注意力集中在采访对象所说的话上，而且要努力理解谈话的本来意思，并表达出对说话者讲话和感情的理解。反馈是提高倾听效率的重要方式，反馈的过程是与倾听者互动的过程，是告诉采访对象"我对你提供的信息理解且有兴趣，你讲的内容非常有价值，能够帮助我"，这样的信息反馈能够极大鼓励采访对象提供更多信息和内容。

(四)做好记录

受诸多因素影响，沟通信息很容易被遗漏。为了弥补这一不足，记者可以在采访中通过做记录来帮助自己进行信息整理。

做记录可以帮助自己对信息进行回忆和整理。采访结束以后的信息整理是非常重要的工作，一方面需要提炼信息，另一方面也是找出问题和隐藏信息的关键，此时采访记录就变得格外重要。

做记录可以给采访对象留下较好的印象，采访对象看到记者在积极做记录会感受到自己被重视，从而更积极主动地提供信息和内容。

(五)克服先入为主的倾听习惯

如前文所述，选择性倾听是造成倾听障碍的重要因素之一。先入为主的倾听，往往会扭曲说话者的本意。记者虽然要进行充分的采访准备和资料信息的了解，但个人观点、看法和情感在采访开始前不应该对采访过程产生影响，克服先入为主的倾听习惯是非常重要的。

(六)创造良好的环境，避免外界干扰

选择良好舒适的环境，能够使采访对象更为放松。新媒体时代由于突破了时空限制，采访时间更为自由，采访环境的选择可以由采访对象来决定，这使得环境不再成为影响采访效率的因素。

## 四、当倾听谈话的有心人

(一)对知无不言、言无不尽者

当采访主题是采访对象感兴趣的，采访内容符合其价值观的时候，很多采访对象表现为非常积极的态度。在采访过程中积极配合，努力回答记者的问题，尽可能多地提供有价值的信息。记者在这时应该通过深度提问的方式进一步调动采访对象的谈话热情，调动其回答问题的情绪。但是也应该防止某些采访对象故意提供给记者一些虚假信息，以达到某些目的。因此记者应该在采访前做充分准备，在采访后对相关信息进一步验证。

（二）对想说而说不出者

有些采访对象愿意配合记者回答问题，但是由于性格或者表达能力等原因无法进行完整的叙述。记者可以通过一些其他方式克服这个问题，例如将面对面采访的方式改为网络采访，这样对于那些不愿意与陌生人接触、性格腼腆的人来说心理上更能够接受。记者还应该保持耐心积极引导对象回答问题，帮助他们回忆事件过程，一步步进行表达。

（三）对思维活跃爱跑题者

有些采访对象性格开朗，语言表达能力较强，进行采访的时候会提供非常多的信息内容，但许多信息跟采访主题是无关的。遇到这样的采访对象，记者一方面应该适当提醒和引导对象回到采访主题中来，另一方面也要注意采访对象看似无意的信息中是否会存在有价值的新闻线索。

（四）对出于某种原因讲一半留一半者

当有些采访主题对于采访对象来说比较敏感，对其会形成压力，这时他们不愿意直接完全地提供信息，而是比较隐晦采取说一半留一半的方式。记者应该打消采访对象的顾虑，可以采取匿名线上采访的方式，使采访对象没有后顾之忧，但也要特别注意信息的真实可靠性。

（五）对给采访设置障碍者

采访对象不愿意配合记者，在采访过程中会出现一问三不知、答非所问、顾左右而言他等情况。对于记者来说这种情况是最难处理的，在采访准备的时候应该全面详细，在采访过程中要找到突破口和漏洞，通过寻找蛛丝马迹逼近事实真相。

# 参 考 文 献

一、专著、教材类

1. 刘涛，等. 融合新闻学[M]. 北京：高等教育出版社，2021.

2. 刘冰. 融合新闻[M]. 北京：清华大学出版社，2017.

3. [澳]特里·弗卢. 新媒体4.0[M]. 叶明睿，译. 北京：人民日报出版社，2019.

4. [美]亨利·詹金斯. 融合文化：新媒体和旧媒体的冲突地带[M]. 杜永明，译. 北京：商务印书馆，2012.

5. 彭兰. 新媒体用户研究[M]. 北京：中国人民大学出版社，2020.

6. 高宁远，郭建斌，罗大眉. 现代新闻采访写作教程[M]. 北京：新华出版社，1998.

7. 刘海贵. 当代新闻采访[M]. 上海：复旦大学出版社，2002.

8. 徐国源. 当代新闻采访与写作[M]. 苏州：苏州大学出版社，2006.

9. 蓝鸿文. 新闻采访学[M]. 北京：中国人民大学出版社，1984.

10. 梁一高. 现代新闻采访学教程[M]. 北京：中国广播电视出版社，2001.

11. 杜荣进. 中外新闻采写借鉴集成[M]. 杭州：浙江教育出版社，1999.

12. 艾丰. 新闻采访方法论[M]. 北京：人民日报出版社，2002.

13. 吴晨光. 源流说：内容生产与分发的44条法则[M]. 北京：中国人民大学出版社，2020.

14. 李良荣. 新闻学概论[M]. 上海：复旦大学出版社，2013.

15. 匡文波. 新媒体概论[M]. 北京：中国人民大学出版社，2019.

16. 彭兰. 社会化媒体：理论与实践解析[M]. 北京：中国人民大学出版社，2015.

17. 喻国明. 新闻传播的大数据时代[M]. 北京：中国人民大学出版社，2014.

18.《新闻采访与写作》编写组. 新闻采访与写作[M]. 北京：高等教育出版社，2019.

19. 张聪. 超越边界：国际一流媒体的融合实践[M]. 北京：知识产权出版社，2019.

20. 许永军，刘伟. 蛇口，梦开始的地方——致敬改革开放 40 年[M]. 北京：人民日报出版社，2018.

21. [英]特希·兰塔能. 媒介与全球化[M]. 北京：中国传媒大学出版社，2013.

二、论文类

1. 杜忠锋，罗敬. 话语分析视角下我国媒介融合的话语嬗变及其内在逻辑[J]. 编辑之友，2020(1).

2. 蔡雯. 角度·视野·轨迹——试析有关媒介融合的研究[J]. 国际新闻界，2009(11).

3. 石磊，李慧敏. 国外媒介融合研究知识图谱——基于文献计量学方法的分析[J]. 西南民族大学学报(人文社会科学版)，2019(11).

4. 韦路. 媒体融合的定义、层面与研究议题[J]. 新闻记者，2019(3).

5. 邓建国. 媒介融合：受众注意力分化的解决之道——兼与"反媒介融合论"商榷[J]. 新闻记者，2010(9).

6. 赵云泽. 媒介融合的逻辑起点、实质及可能归宿[J]. 学术前沿，2019(1).

7. 胡正荣. 走向智慧全媒体生态：媒体融合的历史沿革和未来展望[J]. 新闻与写作，2019(5).

8. 程忠良. 人工智能时代"中央厨房"式媒介融合路径的追问[J]. 编辑之友，2019(5).

9. 陈力丹，向笑楚，穆雨薇. 普利策奖获奖作品《雪崩》为什么引起新闻界震动[J]. 新闻爱好者，2014(6).

10. 顾洁. 融合新闻叙事的逻辑与原则——以《雪崩》《巨鲨戏小虾》《继续活着》为例[J]. 新闻记者，2017(1).

11. 刘冰. 融合新闻：互联网时代新闻样式重塑[J]. 中国出版，2017(22).

12. 于文. 论跨媒介叙事的版权问题与对策[J]. 出版科学，2016(2).

13. 赵丽瑾，侯倩. 跨媒体叙事与参与式文化生产：融合文化语境下偶像明星的制造机制[J]. 现代传播，2018(12).

14. 刘涛，杨烁燏. 融合新闻叙事：语言、结构与互动[J]. 新闻与写作，2019(9).

15. 喻国明. 互联网是一种高维媒介——兼论平台型媒体是未来媒介发展的主

流模式[J]. 新闻与写作, 2015(2).

16. 王佳. 新发展理念下媒体深度融合的实践逻辑与发展方向[J]. 编辑学刊, 2022(4).

17. 胡正荣, 李荃. 锐意求变以破局 因时而动方有为——2019 年媒体融合年度回顾与展望[J]. 新闻战线, 2020(3).

18. 颜兆祥, 张萍. 推进广电媒体融合的三个思维导向[J]. 传媒, 2020(9).

19. 彭兰. 好内容不一定能带来用户黏度——新媒体时代服务思维的转变[J]. 新闻与写作, 2015(2).

20. 陶喜红, 周也馨. 媒介融合背景下传媒人产品思维的养成[J]. 青年记者, 2021(4).

21. 曾祥敏, 刘日亮. 媒体融合质变的关键问题研究——基于 2019 年中国媒体融合发展的分析[J]. 现代出版, 2019(6).

22. 曲升刚. 主流媒体媒介融合的结构性矛盾思考[J]. 青年记者, 2019(5).

23. 邓绍根. "采访"词源新证及其术语的形成[J]. 当代传播, 2009(6).

24. 田流. 采访在新闻报道中的地位[J]. 新闻记者, 1983(8).

25. 刘昭君. 新闻采访与写作在媒体融合中的地位[J]. 电视指南, 2017(9).

26. 喻发胜, 鲁文禅, 张加俊. 从"观察式采访"到"大数据采集"——以突发事件大数据采集为例[J]. 中国编辑, 2019(3).

27. 陆洁. 新闻采访与写作在媒体融合中的地位[J]. 东南传播, 2017(11).

28. 张珂. 报纸起源和记者诞生及其演进发展的历史轨迹[J]. 陕西档案, 2018(3).

29. 张艳红, 谢丹. 近代媒体舆论推促司法公正个案分析——以《申报》"杨乃武与小白菜案"报道为例[J]. 当代传播, 2008(3).

30. 熊慧, 李海燕, 钟玉鑫. 话语角色下的记者角色研究: 概念模型与未来进路[J]. 新闻记者, 2020(6).

31. 路俊卫. 新形势下新闻记者的角色认知及职业理念建构[J]. 湖北大学学报(哲学社会科学版), 2014(7).

32. 任媛媛. "超级记者"的现实困境与未来出路[J]. 青年记者, 2013(3).

33. 刘冰. 融合新闻报道中的职业主体配备[J]. 中国出版, 2015(24).

34. 祝凯. 5G 网络技术与媒体记者功能的融合与重构[J]. 新闻采编, 2022(4).

35. 蔡雯. 从"超级记者"到"超级团队"——西方媒体"融合新闻"的实践和理论[J]. 中国记者, 2007(1).

36. 曾祥敏，董泽萱，况一凡. 对话、合作、业态化融合：2022 全国两会融媒体产品创新研究[J]. 新闻与写作，2022(5).

37. 冉世友. 人工智能新闻生产背景下记者角色的嬗变[J]. 电视研究，2020(8).

38. 龙梅兰，李盛龙. 新媒体时代记者的角色转换[J]. 青年记者，2017(5).

39. 赵江峰. 可视化"数据新闻"：记者角色的新转换[J]. 新闻知识，2013(10).

40. 张利利. 全媒体记者应具备的职业素养[J]. 记者摇篮，2022(1).

41. 孙立安. 记者必须具备理论素养[J]. 新闻论坛，2010(2).

42. 王武录. 外部条件和自身因素[J]. 新闻与写作，1993(2).

43. 雷跃捷. 党性原则是中国共产党新闻思想的基石[J]. 新闻春秋，2021(4).

44. 杨凯. 浅论新时代融媒体新闻记者急需提升的职业素养[J]. 新闻研究导刊，2019(3).

45. 李嘉烨. 全媒体时代下融合新闻选题价值再思考——以第三十一届中国新闻奖媒体融合类获奖作品为例[J]. 今传媒，2022(6).

46. 王鸣阳. 全媒体时代新闻记者职业素养探析[J]. 采写编，2021(3).

47. 贾忱杨. 2021 年全国两会报道的采访模式创新及其特色阐释[J]. 传媒，2022(4).

48. 郭彦彦. 全媒体时代记者素养的提升策略[J]. 记者摇篮，2022(3).

49. 王艳霞. 融媒体时代全媒体记者的专业素养培育[J]. 记者摇篮，2021(2).

50. 任常辉. 浅析融媒体时代编辑记者面临的机遇与挑战[J]. 采写编，2021(3).

51. 周子杰. 足不出户做新闻：远程报道的常规与新闻业的地方性困境——基于对 S 报的田野调查[J]. 新闻记者，2022(7).

52.《学术前沿》编辑部. 完整准确全面贯彻新发展理念：重点与难点[J]. 人民论坛·学术前沿，2021(7).

53. 徐鸣，徐建军. 论新媒体的技术特性与新发展理念的耦合[J]. 湖南科技大学学报(社会科学版)，2017(5).

54. 董柳. 全媒体联动破解文字消息边缘化困局[J]. 青年记者，2020(34).

55. 辜晓进. 新闻线索七大来源探析[J]. 新闻与写作，2014(12).

56. 董天策，杨雨蓉，季卿卿. 融媒体时代新闻价值取向的演变[J]. 青年记者，2022(9).